Lena-Caterina Hensen

Und vor mir: das Leben

Verdichtete Texte III: Zwischen Politik und Poesie

FÜR MEINE MAMA

Impressum

Bibliografische Information der Deutschen Nationalbibliothek: Die Deutsche Nationalbibliothek verzeichnet diese Publikation in der Deutschen Nationalbibliografie; detaillierte bibliografische Daten sind im Internet über http://dnb.dnb.de abrufbar.

Die automatisierte Analyse des Werkes, um daraus Informationen insbesondere über Muster, Trends und Korrelationen gemäß §44b UrhG („Text und Data Mining") zu gewinnen, ist untersagt.

© 2024 Lena-Caterina Hensen

Verlag: BoD · Books on Demand GmbH, In de Tarpen 42, 22848 Norderstedt, bod@bod.de

Druck: Libri Plureos GmbH, Friedensallee 273, 22763 Hamburg

ISBN: 978-3-7693-2058-9

Und
vor mir:
Das Leben

Abfeiern

Du weeßt Beschete
Wir feiern ne Fete

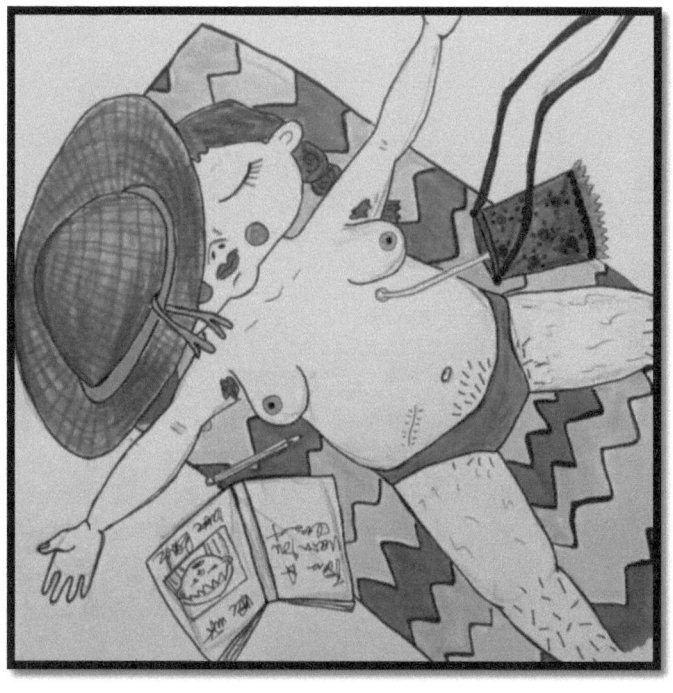

Urlaub

Ich habe
Urlaub gemacht
Von der Sozialen Arbeit
Ich war
Im Herzen
Des Kapitalismus
Auf
Dem freien Markt
Auf dem freien Markt war es sehr schön
Die Menschen waren
Überaus freundlich
Und
Sie haben nicht geschrien
Sie haben
Mir nicht von Problemen erzählt
Und
Sie haben nicht geweint
Ich habe ihnen Dinge gegeben
Die schön sind und
Die sie nicht brauchen
Sie haben sie mir
Geld gegeben
Ohne Verhandlung
Ohne Kürzung, Einsparung oder
Diskussion
Ganz ehrlich:
Ich möchte
Nochmal Urlaub machen
Von
Der Sozialen Arbeit
Auf
Dem freien Markt

Blühende Landschaften
(Für ein Land, dass es nicht mehr gibt)

Ich laufe durch
Sanfte Hügel
Und
Blühende Landschaften
Stehe an Abgründen
Gräben
Einer zutiefst gespaltenen Nation
Es ist Sommer
Die Luft ist blau
So blau wie
Die schier endlosen Wahlplakate
Die hier die Wege säumen
Kornblumen
Und Mohn
Diese Landschaften sind
Die blühenden
Utopien meiner Kindheit
Meiner Kindheit in der "Westberliner
Pionierorganisation Karl Liebknecht"
"Ortsgruppe Rosa Luxemburg"
   - Alle bereit?
   - Immer bereit!
Samstags die Proben für den Pionierchor
"Rote Sternchen" am Hermannplatz,
Berlin West
Irgendwann in den 80er Jahren
Die Ausflüge in die DDR
Sind Highlights meiner Kindheit
Die DDR
Das ist ein Land
Da heißt Limonade Limo
Die Hochhäuser
Haben Durchreichen und
Sind in bunte Mosaike gekleidet
Auf jeder Etage gibt es Begegnungsräume

Da spielen wir Kinder
Der Kuschelbär heißt Mischka
Und wird ebenso geliebt
Wie der Teddy auf der anderen Mauerseite
In der DDR kauft meine Mama uns neue Kin-
derbücher und Schuhe
"Weil man sich das hier
Noch leisten kann"
Statt Werbung für Konsumgüter
Prangen in der Deutschen Demokratischen
Republik Parolen für Frieden und Völker-
verständigung von den Litfaßsäulen
Ich bin vier, fünf, sechs Jahre alt
Und finde das sehr toll
Ich denke die Menschen in der DDR
Müssen das auch sehr toll finden
Und glücklich sein
Sehr glücklich
Weil sie ja Sozialismus haben
Und Limo-Limonade
Und den
   - "Volkspolizist, der es gut mit uns
      meint"
Wir verbringen den Sommer
Im Pioniercamp in Oberhof
Klettern zu Pfingsten den Maibaum am
Werbellinsee hinauf
Tragen unser blaues Halstuch
In dem unerschüttlichen Glauben
Dass wir diese Welt eines schönes Tages
Für alle Menschen
Zu einem gerechteren Ort
Einem lebenswerteren Ort
Gestalten können
Wir singen uns die kleinen Seelchen
aus dem Leib
Singen für faire Löhne
Für bezahlbare Mieten:

        -   „Der Hauswirt hat jekündicht
        Sprach zur Familie Bott
        Ihr habt zwar nich jesündicht
        Und trotzdem müsst ihr fort!"
Und die sofortige Freilassung Nelson
Mandelas:
        -   „Freeeeee Nelson Mandela!"
Dann passiert etwas.
Ich bin in der 2. Klasse
Meine Lehrerin malt einen
Kreidestrich auf den Boden
Wischt ihn wieder fort und erklärt:
Die Mauern ist weg.
Genauso weg ist auch
Das Land meiner Kindheitsausflüge
Abgeschafft
Ausradiert
Gibt es nicht mehr
All seine Errungenschaften und
Schönheiten werden aus der Geschichts-
schreibung getilgt

Scheissdiktatur!
Scheissossis!
Scheiß auf Identität!
Scheiß auf alles!
Alles ist scheisse!
Die russischen Freund*innen
Kehren zurück
In eine Heimat
Die sie nicht kennen
Die sie nie gesehen haben
Und hinterlassen uns
Den Wellensittich Mascha
Wir er- und überleben die sogenannten
Baseballschlägerjahre
Also,

Die meisten von uns
Doch sie hinterlassen Spuren
In
Allen
Ich werde älter
Verstehe:
Auch gute Ideen werden missbraucht
Um Menschen zu unterdrücken
Auch gut überlegte soziale Konzept werden
missbraucht
Um Macht und Ohnmacht zu kreieren
Und:
Wer Wasser predigt
Trinkt eben trotzdem häufig
Grüne Wiese und Rosenthaler Kadarka
Ich lerne:
Ein Land rot einzufärben
Ersetzt keine politische Aufarbeitung
Eines Hitlerfaschismus
Ich lerne:
Im Westen Pionier zu sein,
War anders als im Osten
Ich lerne:
Einem Land als Ganzen seine Wertigkeit
abzusprechen
Es aufzukaufen, es sich einzuverleiben
und dafür auszulachen
Ist kein Ausdruck
Einer Wiedervereinigung auf Augenhöhe

35 Jahre später
Laufe ich durch
Kleine Dörfer und
Blühende Landschaften
Es ist Sommer
Es ist kurz vor oder nach der Wahl
DIE Wahl
In der ein Faschist

Mit seiner faschistischen Partei
In eine Landesregierung gewählt werden
wird
Die nicht minder faschistischen
Anhänger*innen
Feiern hier Ihr
Menschenverachtendes Wahlkampfest.
Eines von so vielen
Auf dem Weg vom Bahnhof zum Gegenprotest
Suche ich
Zwischen Kornblumen und Mohnblüten
Das Land meiner Kindheit

Ich finde es nicht.

Schöne Gefühle
(Für Nina)

Ich wünsche Dir
Schöne Gefühle
Denn mit schönen Gefühlen
Fühlt sich auch
Der beschissenste Tag
Einfach schöner an

Im Katalog der Gefühle
(für Dich)

Im Katalog der Gefühle
Suche ich
Das Passende
Das Beste
Individuell soll es sein
Und einzigartig
Ich suche
Und finde nichts
Nichts für das ich mich
Entscheiden
Oder erwärmen kann
Hier drückt`s
Da kneift`s
Hier schlägt es Falten
Oder es steht mir nicht
Zu
Viel Auswahl

Oma Lauka

Es ist krass
Wie Menschen sich festhalten an
Verhaltensweisen,
Die vor Jahren
Einmal sinnvoll erschienen,
Die sie sich gemerkt haben
Irgendwo
Abgespeichert im Körpergedächtnis
Und die sie losgelöst von allem Kontext
Wieder und wieder
Ausführen
Oder plötzlich
Mitten in ihnen verharren
Weil sie vergessen haben
Was sie gerade tun
Die Oma meiner Kinder
Sitzt mit Jacke und Straßenschuhen
bewaffnet an unserem Küchentisch
Und versucht eine Zeitungsüberschrift
vorzulesen
Sie hat die Zeitung
In den letzten 10 Minuten
Schon dreimal aus der Tasche geholt und
sie wieder zurückgesteckt
Sie bemüht sich nach Kräften um
Normalität
Um ein Gespräch
Noch hat sie so viele wohlklingende
Wörter
Und das Absurde hierin
kommt vor allem dadurch zustande
Dass das Ausüben normaler Handlungen
Und einflechten bewährter
Gesprächsfloskeln
Losgelöst von allen Kontexten geschieht

Sie kann die Überschrift endlich entziffern
Sie
Die studierte Linguistin
THE BRAIN
Der damaligen Freund*innencrew
Meiner Mutter
Aber die entzifferten Worte einordnen
Ihnen einen Zusammenhang geben
Das kann sie nicht mehr
Das Konzept hinter den Worten
Ergibt in ihrer Welt
Keinerlei Sinn
Sie knetet ihre Hände
Die rissig sind vor Kälte und dringend
Eingecremt werden sollten
Aber sie vergisst es
Jedes Mal
Wahrscheinlich sind trockene Hände
Eh ihr geringstes Problem
Denn sie vergisst
So viel mehr als das Eincremen von Händen
Sie vergisst
Das Zu-Sich-Nehmen von Nahrung
Sie vergisst
Zu trinken
Oder lebenswichtige Medikamente zu nehmen
Sie vergisst wer ich bin und
Warum immer diese Kinder um mich herumtigern
Nun
Es sind meine Kinder
Sie vergisst Namen
Und eines Tages wird sie vergessen haben
Wer sie selber ist

Die Oma ringt mit sich
Mit den Worten

Die sie nicht mehr greifen kann
Mit den Wegen
Die sie nicht mehr erkennt
Sie weiß nicht
Dass sie umgezogen ist
In eine andere Stadt
Sie weiß nicht
Dass sie nun in einer Pflegeeinrichtung
wohnt
Sie weiß nicht
Warum wir plötzlich in ihrem Zimmer
stehen
Oder warum
Die ganze Stadt plötzlich
Umgebaut wurde
Ihre Wirklichkeit
Ist wie ein Ruderboot
In einem Meeresturm
Und sie treibt
Irgendwo weit weg aller Radare
Ziellos, richtungslos
Umher
Kann nicht stehenbleiben
Steht dauerhaft
Unter Strom
Die Strömung reißt sie fort
Dahin
Wohin kein Mensch ihr zu folgen weiß
Sie ist allein
Sie ist immer allein
Und es ändert nichts
Egal wie oft Du sie besuchen gehst
Sie war eine von zwei Omas meiner Kinder
Sie war immer da
Heute ist ihr das Prinzip von T-Shirts
genauso fremd
Wie der Rhythmus
Von Wochentagen

Jahreszeiten
Überhaupt Zeit
„Wo warst Du all die Jahre?!"
„Ich bin hier, bei Dir. Und nächste Woche
komme ich wieder.
So wie jede Woche!"
Sie weint und
Klammert sich an Dir fest
Und ich weiß nicht
Wie Du das aushältst
Du bist ihr Kind
Du bist ihr einziges Kind
Alle Last
Alle Verantwortung
Für das Wohl
Dieser Person
Die Deine Mutter war
Liegt bei Dir
Lastet auf Deinen Schultern
Auf Deinen Schultern
Trägst Du Deinen Sohn
Dein toter Vater
Ihr toter Mann schreibt ihr
Seit kurzem wieder Briefe
Die sie genauso wenig
Zu entziffern weiß
Wie die Überschrift der Zeitung
Die ich ihr mittlerweile vorgelesen habe

Mein Leben lang
War sie die Freundin meiner Mutter
Als Du geboren wurdest
War ich drei Jahre alt
Als meine Tochter noch sehr klein war
Nannte sie Deine Mutter
Oma Lauka
Und die beiden haben oft miteinander

gespielt
Bis Oma Lauka "so komisch wurde"

Jetzt sitzt Deine Mutter mit dem T-Shirt,
Dass sie als Rock über ihren ausgemergel-
ten Körper gezogen hat
Und der viel zu großen Strickjacke in
Ihrem roten Sessel
Sie sieht klein aus
Verletzlich
Und
Mir ist
Als hätte die Demenz von Oma Lauka kaum
mehr als
Einen Schatten ihrer selbst zurückgelas-
sen
Und nur ganz
Manchmal und immer seltener werdend
blitzt verstohlen
Ein Schimmer
Der früheren Klaudia durch

Not regreting motherhood,
but still regreting

Nicht die Kinder
Wohl aber das Konstrukt der Mutterschaft
Klebt an mir
Wie
Ein
Ölteppich
Verstopft all
Meine Poren
Meine Bewegungen
Sind so schwer
Ich will ausbrechen
Und kann nicht
Denn
Es gibt keinen Ort
Kein Woanders
Nichts
Wohin ich auch gehe
Klebt die Ölschicht an mir
Hat sich eingefressen in
Lunge und Herz
Und ich liebe die Kinder
Liebe sie so sehr, dass es fast
Schmerzhaft ist
Stürbe lieber
Als das ihnen etwas zustieße
Und irgendwas in mir
Ist schon tausendfach gestorben
Zwischen Presswehen, Laternchenläufen,
Vollgekackten Bettlaken und den Blicken
anderer Eltern
Ich hasse die Gefangenschaft in meinem
öligen Käfig
Wenn ich ein Gefieder hatte
Bunt und schillernd
Hingen nur noch Klumpen an mir

Schwer und matt
Ich bekomme keine Luft
Ich will schreien
Nichts bewegt sich mehr
Und dann stehst Du vor mir
Und Du strahlst :
MAMA, weißt Du schon....
Und Du lachst und erzählst irgendwas und
Ich nehme Dich in die Arme
Und wir stehen einfach so da und
Für diesen Augenblick tropft das ganze Öl
von meiner Haut

Andere gleiche Welten

Wir tauchen ab
Und ein
In andere Welten
Bewegen uns
Auf unbekannten
Straßen
Keine Ahnung
Bis
Wir zu den immer gleichen Stadtzentren
vordringen
Wo uns
In den Geschäften
Der immer gleichen Marken
Die immer gleichen Produkte
Angeboten werden
Wir fliegen ans andere Ende der Welt
Um uns dort
Die gleichen labberigen Brotscheiben mit
den gleichen Geschmacksverstärkern rein-
zuziehen
Und kommen uns wahnsinnig cool und welt-
gewandt vor
Dabei laufen wir durch immer gleiche
Straßen
Nur eben woanders

Über-Schreiben, Über-Leben

Malen und Schreiben

Texte schreiben ist
Wie malen
Mit Worten

Kohlenstoffmonixidmelder*innen

(für Roald - vielleicht)

Es gibt Menschen
Die haben genau eine Funktion, eine Aufgabe
Einen Zuständigkeitsbereich
Für den sind sie verantwortlich.
Roald z.B.
Der war auf Platingruppenelementsbestimmungen von Gesteinen spezialisiert, vor allem auf solche, die nach Meteoriteneinschlägen zu finden sind, vor allem auf die im Chicxulubkrater.
Und wer den nicht kennt, der liegt in Mexiko.
Also der Krater.
Nicht Roald.
Roald sitzt wahrscheinlich im Labor.
Auf jeden Fall ist das mit dem Krater und den Platingruppenelementsbestimmungen ein ziemlich spezifischer Zuständigkeitsbereich und es fiel Roald entsprechend leicht seine Zuständigkeiten anderen gegenüber abzugrenzen.
Andere Leute hingegen sind auf die Messung bestimmter Gegebenheiten, Stoffe oder Teilchen spezialisiert.
Z.b. so Messer*innen der Lautstärke auf der A2, Abfahrt Michendorf.
Wieder andere sind darauf spezialisiert
Gegebenheiten, Stoffe oder Teilchen nicht nur zu messen, sondern auch zu

melden. Manche melden dann die Lautstär-
kenentwicklung auf der A2, Abfahrt
Michendorf, andere melden z.b.
Kohlenstoffmonoxidwerte. Diese Leute
heißen dann
Kohlenstoffmonixidmelder*innen.
Sie messen und ab 'nem bestimmen Wert
machen sie lautstark
Piep!
Stopp!
Piep!
Grenze!
Bei mir in der Küche hängt so eine
Melder*in rum.
Und die piept total gerne, wenn ich
z.b. Pfannkuchen brate und vergessen
habe beim Braten das Fenster zu öffnen.
Irgendwie ist beim Braten von Pfannkuchen
regelmäßig zu piepen auch eine ziemlich
spezifische Aufgabe.
Ich glaube, die meisten
Kohlenstoffmonoxidmelder*innen haben
genau wie Roald kaum Probleme dabei ihre
Zuständigkeitsbereiche von den Belangen
der anderen abzugrenzen.
Ich hingegen schon.
Ich bin nämlich spezialisiert aufs
Mich-Kümmern.
Beim Mich-Kümmern muss ich vor allen
Dingen voll offen sein für das Wahrneh-
men von Bedürfnissen, alles im Blick ha-
ben und so.
In Bedürfnisse erkennen bin ich richtig

gut.

Allem voran dien der anderen.

Ich bin absolute Expert*in im Kümmern und
Versorgen
Anderer.

Und zwar nicht nur so hobbymäßig,
indem ich meine Kinder allein erziehe,
mich um echte und nicht echte demenzbe-
troffene Großeltern kümmere oder die
Haustiere, Pflanzen und Kinder meiner
Mitmenschen versorge.

Nee, ich hab das mit dem Kümmern sogar
studiert.

Auf mich ist Verlass, eigentlich immer
und jederzeit.

Wenn Du was brauchst
Mein letztes Hemd, eine beste Freundin
Eine Schulter zum Anlehnen, Trost,
Meine Zeit, meine Hand, mich, einen Rat
Oder einfach einen Menschen der Dir
stundenlang zuhört, egal, was Du für Sch-
eisse laberst:

Hier bin ich!

Du musst mich nicht einmal danach fragen.
Als diplomierte Kümmerexpert*in spüre ich
Deine Bedürfnisse, einfach so.

Biete Dir meine Unterstützung an, einfach
so.

Und weil Bedürfnisse und Kümmernisse ja
selten spezifisch sind und jederzeit von
sehr unterschiedlichen Menschen an mich
herangetragen werden und meine Sensoren
hierfür in jahrzehntelangem Training

hochgradig sensibilisiert wurden,
piept es nun ständig in mir drin.
Und weil es nun mal überall Bedürfnisse
gibt und sich meine
Ich -kümmere- mich-Funktion 24/7 im
Aktivitätsmodus befindet, ist das mit dem
Abgrenzen bei mir eben gar nicht so ein-
fach.
Nimm, was Du brauchst
Piep
Nimm, was Du willst
Piep
Ist doch eh alles
Ein Geben und Nehmen
Und ach,
Man muss das ja auch nicht alles gegenei-
nander aufwiegen und aufrechnen.
Mich freut das eh voll, wenn ich Dir hel-
fen kann.
Schließlich bin ich seit Beginn meiner
hegemonial weiblich geprägten Sozialisa-
tion darauf geeicht, mich für die Bedürf-
nisse anderer aufzuopfern.
Ein guter Mensch zu sein.
Es gut zu machen.
Zu gefallen.
Piep!
Und natürlich bin ich dann auch
entsprechend von Schuldgefühlen getrie-
ben, wenn mir das nicht so gut gelingt.
Ich Sachen eben nicht so gut mache und
manches auch einfach schlecht.
Schuldgefühle

Weil es mir ja verhältnismäßig total gut
geht und anderen nicht.
Wie kann ich es da wagen
Mich zu beklagen?!
Und das ist ja auch wahr.
Ganz objektiv betrachtet gibt es etliche,
denen geht es viel schlechter als mir.
Bei 8 Milliarden Menschen weltweit findet
sich statistisch gesehen fast immer eine
Person, die mehr leidet als man selbst.
Ich habe das nachgerechnet.
Und wenn ich suchen gehe, finde ich be-
stimmt auch noch eine zweite, eine
dritte...und viele andere.
Und denen helfe ich dann.
Weil ich endlich was zurückgeben darf von
all den Herrlichkeiten, die mir widerfah-
ren sind.
Weil ich u.a. das Privileg hatte, in ein
Umfeld hineingeboren zu sein, in dem ich
frei von Krieg und Hungersnot aufwachsen
durfte.
Ich musste auch nicht um mein Existenz-
recht kämpfen (zumindest meistens nicht).
Und die Armut meiner Kindheit war keine
absolute, sondern nur eine relative.
In einer relativ reichen Umwelt
Und damit dann ja wohl auch relativ egal.
Als Kind und Jugendliche konnte ich das
natürlich selten ausreichend wertschät-
zen.
Und verspürte höchstens eine minimale Se-
midankbarkeit für das Bereitstellen von

Kleidung, Bildungsangeboten, Nahrung
und Gesundheitsfürsorge.
Meistens fand ich einfach alles scheisse
und wurde darum von meiner kohlenstoffmo-
noxidgleichen Umwelt immer wieder darauf
hingewiesen, dass mir als Mädchen* ein
gewisses Maß an Dankbarkeit,
Demut und weniger Ichbezogenheit
auch ganz gut stünde.
Heute habe ich das verstanden
Und bin
Dankbar
Und glücklich
Und selbstverständlich teile ich dieses
Glück mit allen.
Geteiltes Glück ist doch eh viel schöner,
findest Du nicht auch?
Und so versuche ich mich zu beziehen, auf
alle und alles, außer auf mich.
Nur wenn ich aus Versehen dann doch mal
leide oder traurig bin, verzweifelt oder
einfach nur sehr müde und sehr erschöpft
- und ich aus Versehen finde, dass meine
eigenen Bedürfnisse doch auch wich-
tig sind - oder ich mich überfordert
fühle vom ganzen
Mich-um-irgendwen-kümmern, dann schreit
der Zensor in meinem Kopf sofort laut
los:
Piep!
Schuldgefühl
Piep!
Aufopferung

Piep!
Grenzen
Sei dankbar und
Kümmere Dich!
Und dann,
dann wünsch ich mir vom ganzen Herzen
Ich verstünde was von Platingruppenele-
mentenbestimmungen der Gesteine vom Kra-
ter in Mexiko
Und ich nehme mir richtig fest vor:
In meinem nächsten Leben werde ich
Kohlenstoffmonoxidmelder*in.
Ganz bestimmt.

Ich möchte nicht mehr

Ich möchte nichts
Mehr sollen wollen
Oder wollen sollen
Müssen möchten
Tun oder machen
Ich will mich nicht kümmern
Um andere
Oder mich
Will nicht handeln müssen
Keine Segel hissen
Aufbrechen zu anderen Ufern
Oder nach woanders hin
Ich bin dem Druck nicht mehr gewachsen
All die Dinge zu erfüllen
Leistung zu erbringen
Merk ich muss mich zwingen
Aufzustehen
Möchte liegen bleiben
Und mich langeweilen
Will die Zeit verpeilen
Ich will schreien
Oder schweigen
Mich embryonal zusammen rollen
Will mein Gesicht vergraben
In Deiner Achselhöhle
Ich will nicht darauf eingehen
Was Du sagst
Wenn Du klagst über
Meine fehlenden Ambitionen für
Alles
Ich will nur leise
Deinen Atmen hören
Ich möchte liegen bleiben
Mir die Zeit vertreiben
Mit
Nichts

Nichtstun
Ich stelle mir vor ich bin tot
Wer tot ist, tut wirklich sehr wenig
Ich glaube Totsein
ist wahnsinnig entschleunigend.
Ich bin so müde
Vom Sollen
Vom Müssen
Vom Geben
Bin so unendlich müde
Vom Leben
Und ich schlafe ein
In Deiner Achselhöhle
Du riechst
Nach Sommer und Meer
Und ich lasse los
Kein Müssen
Kein Sollen
Kein Morgen
Kein Gleich
Nur noch
Deine Achselhöhle
Und
Stille

Der letzte geile Scheiß

Alle reden davon
Alle wollen es
Es ist
Der letzte geile Scheiß
Schreit mir entgegen
Von Plakatwänden und
In Neonschrift
Summt mir pastellweich ins Ohr
"Be yourself
Unless you can be a unicorn
Than be a unicorn"
Kauf mich
Tanzt es auf TikTok
Benutze mich
Sei frei
Leck mich
Die Welt liegt Dir zu Füßen
Wir sind dabei
Der ewige Top 1 Hit
Und tauche ein
Lasse mich treiben
Und treib ich vorbei
Dann
Nehm ich es selbst in die Hand
Denn ich will`s ja nicht verpassen
Nicht nur
Dabeistehen,
Konsumieren
Sondern
Ausgestaltet
Optimieren

Vielleicht auch selber eins
Kreeieren
Oder zwei
Macht ja auch Spaß
Also zumindest manchmal
Und wenn vorher der Konsens geklärt ist
Zumindest das Machen
An und für sich
Macht Spaß
Danach ist es eher so
Semi bis unfassbar
Und obwohl komplett fehleranfällig
Vergänglich
Zum Teil auch desaströs
Rockt es immer wieder jede Höhle der Lö-
wen
Es ist der Hauptgewinn
Jeder Party
Der Sinn
Hinter dem Weiter so
Und hinter jedem
Wir schaffen das schon
Sein Ernst beginnt
So um die sechs herum
Und wir genießen es mit Leichtigkeit
Denn leicht soll es sein
Jedes Stück ein Unikat
Ist gleichsam Ponyhof und Pralinenschach-
tel
„Man weiß nie, was man bekommt"
Unbezahlbar sei es
Oder wertlos
Komplett beschissen

Kommt halt drauf an
Wann und wo
Du als wer
Da so
Hineingeworfen wurdest
Man kann es individuell gestalten
Oder uniform verwalten
Du kannst es feiern, zelebrieren
Du kannst es anderen Menschen schenken
Oder nehmen
Kannst dich komplett verlieren im
Abenteuer
Leben
Alle reden davon
Alle wollen es
Es ist
Der letzte geile Scheiß
Nur ich
Steh da und weiß
Weiß nichts damit anzufangen
Es ist mir zu groß, zu eng, zu weit
Hängt an mir
Wie das schlecht sitzenste Kleidungsstück
Dass mir immer wieder über meine
Schultern rutscht
Und ich schiebe und zupfe
Und glätte und rupfe
Aber es hilft nicht
Es ist der verkruschelte Schlüppi,
Der sich immer wieder zwischen die
Pobacken schiebt
Unangenehm
Und hoffnungslos

Ein Paar Clownsschuhe
Drei Nummern zu groß
Lassen mich stolpern
Und dann
Liege ich da
Im Leben
Bloß,
Mit aufgeschürftem Knie
Und brennenden Handinnenflächen
Finde es schwer mich zu erheben,
aufzustehen
Finde einfach keinen Sinn
Das Leben ist ein Arschloch, denke ich
Und denke sofort, dass ich das
So pauschal jetzt auch nicht denken darf
Und überhaupt scheinen das ja alle um
mich herum so mega zu finden
Wohnst du noch oder lebst Du schon?
Ehrlich gesagt, vegetier ich grad nur so
vor mich hin
Und um mich rum
Da wirds
Millionenfach geliebt und angehimmelt
Millionenfach neu aufgelegt, weiterentwi-
ckelt
Und entspricht es nicht dem Standard
Erfüllt es nicht die Norm
Naja, dann bleibt`s halt ungeboren
Wird aussortiert
Ist angeschmiert
Wegrationalisiert
Und wird es alt
Zerschlissen und verbraucht

Dann fängt es langsam an zu stinken
Und wir verpacken es in Dosen
Kisten
Werfen es in Gräben
Meere oder Feuer
Winken
Leise hinterher
Erleichterung
Mischt sich mit bodenloser Trauer, Wut
Angst und Hoffnung
Hoffnungslosigkeit
Fragt die Stimme
In mir drin
Wann ist es bei mir soweit?
Wann darf
Wann muss ich gehen
Aus dem
Leben?
Ja,
Alle reden davon
Alle wollen es
Es ist
Der letzte geile Scheiß
Und es ist
Trotz Massenproduktion
So unersetzlich
So verletzlich
So Begrenzt
Und eines Tages
Letztendlich
Vorbei

Ich kann keine lustigen Texte schreiben

(für Luna)

Ich bin nicht lustig
So gar nicht
Wenn du willst das Deine Party möglichst
schnell wieder endet,
Dann lade mich einfach ein.

Meistens kann ich die gute Partylaune
schon während der Vorstellungsrunde
crashen
Wenn ich z. B. danach gefragt werde,
Was ich denn so arbeite
Ich arbeite zu Gewalt
Und vor allem zu sexualisierter Gewalt
Und zwar mit Kindern
Häufig reicht das schon um für gedämmerte
Stimmung zu sorgen
Was manchmal echt schade ist
Weil ich manche Partys ja eigentlich mag
Dinge nehme ich fast immer zu ernst
Und mir zu sehr zu Herzen
Auch darum fällt es mir schwer
lustige Texte zu schreiben
Was schon wieder schade ist,
Weil ich nämlich bemerkt habe,
Dass lustige Texte häufig gut ankommen
Aber ich schreib eben vorrangig dann,
wenn es mir nicht gut geht
Oder richtig schlecht
Wenn mich krass etwas bewegt
Und mich überfordert

Ich schreibe um klarer zu sehen
Um mir
Unverständliches zu begreifen
Ich schreibe,
Weil mir das Schreiben eine Einordnung
bringt
Da, wo sonst so alles im Chaos versinkt
Schreiben ist mein Rettungsring
So ein Raus-aus-der-Ohnmacht-Ding
Wenn es mir richtig gut geht
Oder wenigstens halbwegs
Und ich aus Versehen doch mal lustig ge-
launt sein sollte
Na, dann hab ich doch wirklich bessere
Dinge zu tun
Als zu schreiben

Neben den lustigen Texten,
Habe ich festgestellt,
Erfreuen sich auch Texte über Beziehungen
einer gewissen Beliebtheit
Leider finde ich es aber auch total kom-
pliziert über romantische oder sexuelle
Oder sexuell romantische Beziehungen zu
schreiben

Eine Weile lang habe ich das schon ge-
macht
Bzw. schrieb ich
Über das jeweilige Enden solcher Bezie-
hungen
In meinen Texte hob ich dann das Schöne
der jeweils beendeten Beziehung hervor

Oder das, was ich da an Schönheit so
reininterpretiert hatte
Ich konnte mich seitenweise darüber aus-
lassen, wie sehr ich jetzt litt
Und wie scheisse und unfair die für mich
nun nicht mehr Beziehungsperson war
Oder - krasse Eigenreflexion- ich selbst.
In den letzten Jahren habe ich mich aber
entweder dazu entschlossen
Keine Beziehung mehr einzugehen oder
Mich von der bestehenden einfach nicht
mehr zu trennen
Und darum fällt es mir
natürlich auch voll schwer über ihr nicht
vorhandenes Enden zu schreiben.

Außerdem hatte mich das Schreiben von
Beziehungsbeendigungstexten zunehmend ge-
langweilt
Weil es ja irgendwie dann doch immer das
gleiche Schema ist
Eine Person (also ich) findet eine oder
mehrere Person(en) total gut
Und eine oder mehrere Person(en) erwidern
dieses total gute Gefühl.

Oder auch nicht.
Dann ist es entweder nie oder für eine
gewisse Zeitspanne sehr schön
Und dann hört es irgendwann auf sehr
schön zu sein.
Ich bin sehr traurig oder sehr genervt

oder voller Selbstzweifel und oder alles
zusammen
Diese Gefühle schrieb ich dann in pseudo-
interessanten Metaphern und Vergleichen
nieder
Und alle dachten
"Oh wie deep"
"War bestimmt die ganz große Liebe"
War sie aber meistens gar nicht.
Darüber hinaus bin ich es leid
Mich in Texten
Permanent um mich selbst zu drehen
Nur noch mich selbst zu sehen
Mein Elend
Mein Schmerz
Mein blutendes Herz
Schlechte Reime
Im gesprochenen SingSang
Im harmonischen Wörterklang
Textmelodien über Inhalte zu stellen
ist nicht so meins.
Echt nicht.
Wenn ich also tief in mich gehe
In mich hineinsehe und darüber nachdenke,
Dann
Würde ich am liebsten
Einen Text über Feuchtigkeitscremes
schreiben.
Sehr wenige Menschen haben bisher
Ernstzunehmende Prosa über Feuchtigkeits-
cremes verfasst oder wissen die Wertig-
keit von Feuchtigkeitscremes wahrhaft
wertschätzend in Worte zu verpacken

Meine Tochter schätzt Feuchtigkeitscremes
Sie nutzt sie täglich und das mehrfach
Sie verlässt die Wohnung niemals ohne
sie.
Meine Tochter aber hat auch sehr trockene
Haut und Pubertät
Ich weiß nicht genau
Was ausschlaggebender ist für ihre Liebe
zur Feuchtigkeitscreme
Ich selbst jedenfalls
Benutze keine Feuchtigkeitscremes.
Sie berühren weder meine Haut
Noch mich
Und weil mich das ganze Geschmiere so
vollkommen unberührt lässt
will mir leider auch das Schreiben von
literarischen Kunstwerken über
Feuchtigkeitscremes nicht gelingen
Was mich hingegen wahnsinnig berührt
Das ist meine Umwelt
Was mich wirklich umhertreibt
Und absolut wirkungsvoll dazu beiträgt
Mir sämtliches Lustigsein aus dem Herzen
zu wehen
Und damit den Drang darüber schreiben
Krass provoziert
Um mich zu sortieren
Um meine Gedanken zu fokussieren
Oder halbwegs erträgliche Perspektiven zu
kreieren
Das sind all die aktuellen sozialen und
politischen Ereignisse,
Hier und Anderswo.

Die überfordern mich nämlich und machen
mir abwechselnd Angst
Oder unaufhaltbaren Brechreiz
Und auch darum schreibe ich
Ich schreibe um nicht zu kotzen
Ich schreibe um nicht überzulaufen
Oder in meiner Verzweiflung
Abzusaufen
Und was dann dabei herauskommt sind
Texte,
Die sind überhaupt nicht lustig
Machen keine gute Laune
Und wecken keinerlei süße Erinnerungen an
Längst verflossene Beziehungspersonen
Meine Texte
Malen Bilder in Durchfallfarbe
Handeln von der Scheisse
Die wir nicht verhindert haben
Sie holen nicht ab
Sie lassen Dich stehen
Im Regen
Und ohne die Feuchtigkeitscreme

Diese Tage

Es gibt diese Tage
Da habe ich so viel Lust
Das Leben zu schmecken
Auf Wolken zu tanzen
Und jede
Noch so kleine Sekunde
In mir
Wirken zu lassen
Es ist so schön
Und ich kann spüren
Wie ich Teil
Dieser Schönheit bin
Und es gibt diese anderen Tage
An denen ist alles schwer
Ich bin schwer
Das Aushalten ist schwer
An diesen Tagen
Möchte ich gerne tot sein
Nicht für immer
Oder in Gänze
Aber so ein bisschen halt
Weil ich keine Kraft mehr habe
Diese Tage
Immer wieder
Zu überleben

Kein Bock auf Optimierung

Irgendwas soll immer
Aus uns werden.
Als ob das
Was wir schon sind
Nicht ausreichend wäre

Ich halte nicht

Nicht mehr an und nicht mehr inne
Bin im ständigen
Gehen
Kommen und
Tun
Immer geradeaus
Im Kreis herum
In einem Laufrad
So, wie es oft die Hamster in ihren Käfi-
gen hängen haben
Du sagst es sei
Beeindruckend
Was ich alles tue
Wie ich es tue
Und wann
Du bist beeindruckt
Wie groß
Meine Resilienz sei
Und Du verstündest nicht
Woher ich
Die Kraft nähme
Das alles auszuhalten
Das alles
Das sei ja doch sehr viel
Und das stimmt
Denn wenn wir von Allem sprechen
Dann meinen wir ja auch Alles
Und das ist dann tatsächlich
Eine ganze Menge
Und ich antworte Dir
Dass ich auch nicht wisse

Wie ich das aushalte
Und woher ich die Kraft nähme
Wenn das alles so auf mich zukäme
Und vielleicht ist das Aushalten
Auch einfach Ausdruck
Purer Verzweiflung
Und Perspektivlosigkeit
Meine Resilienz
Ein Resultat
Begrabener Wünsche
Unterdrückter Bedürfnisse
Vergessener Träume
Resignation
Denn eigentlich halte ich gar nicht
Nicht aus und nicht durch
Ich bin nur da
Versuche diese Woche zu überstehen
Diesen Tag
Ach, wenigstens den Morgen
Und das scheint mir zu gelingen
Denn irgendwie
Bin ich immer noch da
Aber durch
Und durch
Durch
Ich bin so durch
Dass ich jeden Tag auf dem Weg in mein
Büro in Tränen ausbreche und
Mich festhalte
An Deinen Worten
Deinem Blick
Weil ich sonst ganz haltlos bin

Zu viel

(Mit Dank an meine Psychotherapeutin)

Es ist so viel
So viel
Dass ich mich frage
Wann es zu viel ist
Ich warte auf den Tag
An dem ich umkippe
Und wundere mich
Tag für Tag
Dass es nicht heute ist
Es ist so viel
So viel an
Verantwortung
So viel an Kraft
An
Aus- und Dagegenhalten
So viel Schwere
Es ist
So viel
Wann
Ist die Grenze erreicht
Von
So viel
An Erwartung
So viel an Vorstellungen wie
Etwas, wie
Ich zu sein hätte
So viel Ungleichheitsbelastung
Persönlich und strukturell
So viel Festhalten an
Dieser Struktur

Diese Struktur macht mir Druck
Diese Struktur kommt nach 4 Jahrzehnten
Nicht mehr von außerhalb
Sondern ist in mir
Mein Anspruch an mich selbst
Ist die Überspitzung aller Ansprüche
Denen ich seit Geburt an
Ausgeliefert bin
Denen ich
So oft
Nicht genüge
Nicht gerecht werde
Eigentlich nie
Klasse 1a
Meine Lehrerin schreibt in mein
Poesiealbum:
"Fehler sind Stufen
Auf den der Kluge
Emporsteigt."
Offensichtlich war meine Klugheit einfach
nicht ausreichend
Um mir Stufen aus Fehlern zu bauen
Denn ich wiederhole die Fehler
Immer und immer wieder
Meine Stufen sind Glatteis
Und ich
Rutsche ständig ab
Meine Mutter sagt
Sie will keinen Vater für ihre Kinder
Meine Mutter sagt, sie zieht die Kinder
alleine groß
Also tut sie das
Meine Mutter war sehr konsequent

Ich bin nicht konsequent
Und suchte unbewusst aber systematisch
Die wohl unfähigsten Väter
Als Erzeuger meiner Kinder aus
Und obwohl ich das so nie wollte,
Erziehe auch ich sie allein
Kinder von Alleinerziehenden
Haben
Ein höheres Risiko
Für
Psychische Erkrankungen
Für
Das Erleben von Gewalt
Für
Armut
Als alleinerziehende Mutter musst du
nicht mehr leisten als gemeinschaftlich
Erziehende
Sondern unendlich viel mehr
Du hast keine Pause
Dafür immer diese Statistik im Kopf
Als Kind von Alleinerziehenden
Musst du nicht okay
Sondern hervorragend sein,
Denn Du bist das Aushängeschild
Für die unmenschlichen Mühen
Deiner allein zuständigen Versorgungsper-
son
Und ich
Bin beides
Habe aus beidem nichts gelernt
Leiste einfach unendlich
Bin hervorragend

Und nebenbei erwerbsarbeite ich
In einem, wie mensch so sagt,
"Belastenden Arbeitsfeld"
In meiner Arbeit geht es um Gewalt
Ich habe selber Gewalt erlebt
Ob ich Gewalt erfahren habe,
Weil meine Mutter Alleinerziehend war
Oder weil ich in einer patriarchalen Ge-
sellschaft aufwuchs
Oder weil die Gewaltausübenden einfach
komplette Arschlöcher*innen waren,
Weiß ich nicht
Als Betroffene in so Arbeitsfeldern zu
arbeiten
Ist eine riesen Herausforderung
Als Betroffene
Musst Du nicht einfach nur fachlich sein
Sondern super fachlich
Weil Du immer Angst hast
Du könntest
Einfach so deine eigene Story auf die
Klient*innen
Oder auf die Sichtweisen
Oder die Haltungen übertragen
Und dann wärst du halt nicht hauptberuf-
lich professionell
Sondern hauptberuflich betroffen
Das macht mir Angst
Also mache ich Therapie
Und dann noch eine
Und noch eine
Und werde mega fachlich
Lese noch eine Statistik

Noch einen Artikel
Noch ein Buch
Lernen noch eine Theorie
Ich bin immer Up to date
Und das ist so viel!
So viel
An Erwartung
So viel an Vorstellungen wie
Etwas, wie
Ich zu sein hätte
Gut soll ich sein
Und Nett
Sozial
Und ich soll
Helfen
Meine Mutter sagt
Wir müssen solidarisch sein
Die Solidarität meiner Mutter kennt keine
Grenzen
Und überschreitet meine
Immer wieder
Wir wohnen im Krankenhaus
Dass meine Mutter leitet
Das Krankenhaus meiner Kindheit
Ist der Lebensprojekt meiner Mutter
Ich heiße
Wie dieses Krankenhaus
Wir leben im sogenannten
Schwesternwohnheim unter Bedingungen,
Die dem Wohl eines Kindes nicht angemes-
sen sind
Weil meine Mutter die angebotene Dienst-
wohnung Familie Ali überlässt,

Deren Wohnverhältnisse noch viel weniger
angemessen sind
Eine Wohnung außerhalb des Krankenhau-
ses können wir uns nicht leisten
Meine Mutter ist ja alleinerziehend
Meine Mutter
Wird die Chefin
In einer Welt in der sonst nur Männer* in
den Chef*innenetagen sitzen
Meine Mutter sagt:
„Als Frau* musst du
Doppelt so viel arbeiten
Doppelt so gut,
Doppelt so krass sein um wenigs-
tens halbwegs akzeptiert zu werden"
Und das stimmt
Damals wie heute
Meine Mutter ist mein moralischer Kompass
Meine Nadel
Schlägt immer zu ihrer Wertigkeit hin aus
Alles was sie leistete
Versuche auch ich zu leisten
Und noch besser sein
Und bin voller Schuldgefühle
Wenn es mir nicht gelingt
Es gelingt mir nie
Mitte 40 hat meine Mutter den ersten
Herzinfarkt
Mit Ende dreißig
Erhalte ich meine chronische Erkrankung
Chronisch krank zu sein
Kinder versorgen
Soziales Umfeld versorgen

Emotionale Versorgungsarbeit als Beruf
Ich bin ausgelaugt
Bin erschöpft
Und traurig
Ich lerne
Selfcare ist wichtig
Salfcare heißt,
Sich um sich selber zu sorgen
Ich versorge
Heute aber schon so viele
Ich habe keine Kraft mehr
Mich auch noch
Um mich selbst zu kümmern!
Werde also auch hier meinen Ansprüchen
Nicht gerecht
Und ich scheitere
Denn es ist
So viel.
So viel
Dass es längst zu viel
ist.

Beziehungs-
weise

Die Berge und Du

Ich sitze 12.000 m über
Dem Meeresspiegel
Unter mir die
Unfassbare Schönheit
Der chilenischen Wüstenlandschaft
Eingerahmt
Von den Gipfeln der Anden
Die den Abstand zwischen mir und der Erde
Zum Teil auf
Die Hälften meiner Flughöhe schrumpfen
lassen
Eingerahmt vom Pazifik
Der von hier oben
So unschuldig wirkt
Sanft
Und fast zärtlich
Vor 17 Jahren flog ich diese Strecke
schon einmal
Vor 17 Jahren
Warst Du
schon einmal der Auslöser
Meiner Reise
Der Anblick der Anden
Hatte nie aufgehört
Mich zu verzaubern
Die Strenge der Berge
Ihre Schroffheit
Die unglaubliche Weite
Der unbändige Lebenswille
Aller ihrer Bewohner*innen
Damals
Du hattest mich eingeladen
Und
Kurzfristig sagtest Du ab
Und so flog ich alleine hier her
Heute fliege ich wieder alleine

Aber Du wirst
Am Flughafen auf mich warten
Und wir werden
Gemeinsam in diesen
Bergzauber eintauchen
Ich glaube
Ich brauchte all diese Jahre dazwischen
Um zu begreifen
Dass Du niemals der Auslöser warst
Sondern
Immer der Grund

Mit Dir
(für Ivan)

Mit Dir
Traue ich mich
Ein gemeinsames morgen zu träumen.
Danke.

Freund*innenschaft
(für die Freund*innen)

Freund*innenschaft
Schafft
Berge zu versetzen
Seelen zu verletzen
Schafft neue Welten
Ist Familie
Ist Liebe
Öffnet Türen
Öffnet Wege
Wägt ab
Freund*innenschaft
Schafft
Konflikte
Die kannste Dir nicht ausdenken
So krass
Sie bindet ein
Bindet Dich fest
Bindet
Schafft Verpflichtung
Und da
Wo sie selbst schon Pflicht ist
Fuckt sie Dich ab
Freund*innenschaft
Ist Hauptgewinn
Ist zusammen aufs Klo gehen
Nicht aus lauter Liebe
Aber häufig aus
Mangel an Toiletten
Stundenlang
Die gleichen Geschichten anhören
Und trotzdem noch berührt sein davon
Die Freund*innenschaft
Nach zu vielen Cocktails
Mit zu viel Rum
Auf dem Gepäckträger und der Stange

Deines Rades
Sicher nach Haus geschafft
Um dann zu dritt vor der Wanne zu knien
Und in liebevollem Gleichklang hineinzu-
kotzen
Am nächsten Tag pulst Du
Die Stückchen aus dem
Verstopften Abfluss und
Auch wenn das gleich zu neuem Brechreiz
führt,
Denkst Du,
Ach, gestern Abend mit den Freund*innen
Das war wirklich nett

Für immer und Dich

Wissen
Dass du für immer
Außerhalb meines Lebens sein könntest
Macht mir deutlich
Wie sehr ich mir wünsche
Mein Leben in allen Facetten
Mir Dir zu teilen

Sich küssen

• Bautzen: Die Versammlungsbehörde ermög-
lichte mit der Routenführung direkt hin-
ter dem CSD eine symbolische Verfolgungs-
jagd. Trotz deutschlandweiter
Mobilisierung innerhalb der Neonaziszene,
war die Polizei mit nur 2 Hundertschaften
vor Ort
• Halle: Auf dem CSD werden 4 Menschen
angegriffen und verletzt. Einer von ihnen
schwer.
• Neukirchen-Vlyun: Polizei ermittelt
nach homofeindlichen Angriffen.
• Hannover: Transmann angegriffen und
verletzt
• Münster: 25-jähriger auf CSD totgeprü-
gelt
• Zeitz: Neonazis werfen Flaschen und
Steine auf Teilnehmer*innen des CSDs

• Überall: Stell Dich doch nicht so an!

Sich küssen kann
So schön
Und einfach sein
Eine private Zuneigungsbekundung
Zwischen zwei
Oder mehreren Personen
Ein kleines
Ich-mag-Dich
Schlaf-gut
Oder
Hey-lass-uns-miteinander-nahe-sein
Manchmal kommt das Kind zu mir
Steht da mit seinen angespitzten Lippen

Erwartungsvoll
Seine Portion von Nähe und Aufmerksamkeit
Zu erhalten
Ein Kuss
Kann so ekelhaft sein
Ich
Selbst noch Kind
Fünf Jahre alt
Zu Besuch bei den Großeltern
Die nach Gebiss und baldigem Ableben rie-
chen
Die ich nur alle paar Monate mal sehe
Die mich dann küssen
Viel zu nahe
Viel zu oft
Und alle sehen meine Abscheu
Meinen Widerwillen
Und kichern verlegen
Weil
Wir uns ja nur alle paar Monate mal sehen
Und dann muss man das mal aushalten
Sonst sind die Großeltern ja traurig
Und überhaupt,
Wie sollen wir das ansprechen, ohne dass
die ganze gute Stimmung kippt?
Küssen
Eine Party
Und nach dem einen oder anderen Drink
Dem gemeinsamen Tanzen
Ein Kuss
Und deine Bartstoppeln
Kratzen an meiner Haut
Und deine Spucke klebt an meinem Ohr
Und ich versuche
Mein Gesicht von Dir abzuwenden
Was zu noch mehr Klebespucke an den Ohren
führt
Ich will weg hier

Weil das grad eklig ist
Weil ich völlig besoffen bin
Weil ich deinen Namen schon wieder
vergessen habe
Fuck - hatte ich überhaupt danach
gefragt?
Und die Party läuft an uns vorbei
Und alle sehen meine Abscheu
Meinen Widerwillen
Und kichern verlegen
Weil ...
Ich weiß nicht, warum
Und dann halte ich das einfach mal aus
Weil du könntest ja sonst traurig sein
Und überhaupt,
Wie soll ich das ansprechen, ohne dass
die ganze gute Stimmung kippt?
Ich gehe nach Hause
Kann weder Deine Küsse
Noch Deine Hände von meiner Haut abwa-
schen
Irgendwie kleben die da immer noch fest
Ein Kuss
Der erste feste Freund
Wir küssen uns oft
Küssen ist schön
Wir küssen in der U-Bahn und auf der
Straße
Im Park und auch bei uns daheim
Wir sind
Ja so ein schönes Paar
Und unsere Küsse bedeuten niemanden etwas
Außer uns selbst
Und vielleicht seiner Ex
Küssen
Mit der ersten festen Freundin
Ist für die Öffentlichkeit offensichtlich
sehr bedeutend

Und die Öffentlichkeit
Wahnsinnig bemüht
Uns möglichst viele Penisse anzubieten
Damit wir nicht länger uns, sondern die
Besitzer dieser Penisse küssen
Weil
Das ja bestimmt der eigentliche Wunsch,
Die eigentliche Absicht hinter unseren
Küssen wäre
Und so sinkt unser Bedürfnis private
Zuneigungen im öffentlichen Raum durch
Küssen zu demonstrieren
Im gleichen Ausmaß
In dem
Die heterosexuellen Fickangebote durch
Unbekannte steigen
Küssen
Sich zwei Männer*
In der Öffentlichkeit
Dann bekommen sie sehr selten
Heterosexuelle Fickangebote
Häufiger ist da schon, dass sie
Einen Stiefel ins Gesicht bekommen
Ein Stiefelabdruck da,
Wo gerade noch der Kuss gewesen
Weil das mit dem Küssen
Je nachdem wer wen wo küsst
Einfach krass politisch ist
Ich hab ja gar nichts gegen Schwule!
Aber es ist halt nicht normal!
Für meine Augen eine Qual
Wenn ich so was sehen muss
Einen Kuss
Ein Kuss kann so schön sein
So kribbelig, ganz unvergleichlich
Zauberhaft und scheußlich
Ein Gruß
Ein Geschenk

Ein Statement
Widerstand
Ein Grund zum Feiern
Ein Ausdruck von
Nähe, Zuneigung, dem größten Glück!
Eine Grenzüberschreitung
Gewalt
Ein
Ich-liebe-Dich
Ein abgerocktes Ritual
Eine Gewohnheit
Und
Es ist
So viel mehr
Als nur sich küssen
So lange einige dabei
Um ihr Leben fürchten müssen

In allem bist du

Du
Bist ständig
Und zu völlig bescheuerten Zeiten und Or-
ten
Einfach da
So mega präsent
Egal
Wie lange
Wir uns schon
Nicht mehr gesehen haben
Nicht mehr
Geküsst
Gehört
Oder zusammen
Gelacht oder
Gestritten haben
Du bist da,
Wenn ich Suppe koche
und du rufst
Ay, que riiiiico!
Und ich muss lachen
Und antworte Dir
Ist doch nur ne Suppe
Und dann vermisse ich Dich
Wie Hölle.
Finde deine Socken
Hinter dem Bett
Und möchte sie auf Dich werfen
Mann, räum doch mal Deine Sachen weg
Du bist nicht da
Und ich kann trotzdem wütend auf Dich
sein
Oder gerade deshalb
Und während ich Deine doofen Socken
In Dein Fach im Schrank räume
Lege ich mein Gesicht

Auf deine Kleidung
Lege mein Gesicht
In Deinen Geruch
Der noch da ist
Und ich spüre Deine Arme um mich
Deinen Blick
Und egal
Wie weit du weg bist und wie lange
Bist du immer da
In allem
Und in mir

Alt

Irgendwann zwischen
Früher und jetzt
Sind wir
Ohne es so recht zu merken
Plötzlich alt geworden

Du

Du, wenn Du nicht da bist
Und mir ganz nah
Du, wenn Du hier bist
Vertrauter als alle anderen
Je waren
Oder werden
Du
Dein Geruch
Geht über
In meinen Geruch
Mein Körper
Ist
Dein Körper
Ist
Ein Körper
Bist Du
Wir sind
Du und ich
Du bist
Immer Du
Ich bin
Deine Liebe
Bin
Partnerin,
Versorgerin,
Bin Kümmerin
Deine Quam
Eine Last
Nur Ich
Bin ich oft nicht mehr
Du, wenn Du schweigst
Du, wenn Du mir alle Wörter nimmst
Meine Wörter keinen Sinn ergeben, weil
sie im leeren Raum verhallen
Egal wie laut ich sie

Hinter Dir her werfe
Wie weit
Du, wenn Du gehst
Du, wenn Du sagst
Da zerbricht etwas in Dir
Dein Schmerz
Der mich ausschließt
Dich von mir entfernt
Du, wenn Du mich nicht siehst
Mich nicht sehen willst
Du, wenn Du mich strafst mit
Deiner Stummheit
Deiner Abwesenheit
Deiner Ignoranz
Du, wenn Du wiederkommst
Jedes Mal
Wenn Du Deinen Rhythmus wiedergefunden
hast
Und dann einfach von vorn anfängst
Als ob
Nimmst Deinen Geruch
Deine Hände
Deine Stimme
Es sind auch
Mein Geruch
Meine Stimme
Meine Hände
Du sagst,
Es sei eh vorbei
Sagst,
Es lohnt sich nicht
Ich lohne mich nicht
Du
Endlich frei
Endlich geht es Dir gut
So gut
Du, wenn Du kalkulierst
Wie viel Dich die letzten Tage

Mit mir gekostet haben
Du, wenn Du kalkulierst
Wie hoch Deine Einnahmen gewesen wären
Wenn ich nicht
gewesen wäre
So ergibt sich meine Wertigkeit
Für Dich
Bin ich Teil Deiner Kalkulation
Und überhaupt
Meinst Du das ja nicht so
Du, wenn Du gut drauf bist
Du, wenn Du mich so anlachst
So anmachst
Du, wenn Du mich so anguckst
Dass alles in mir
Anfängt zu beben
Zu glucksen
Vor Glück
Du, wenn du glücklich bist
Bis
Ein bisschen noch
Du, wenn Du ganz weich bist
Du, wenn Du neben mir liegst
Dein Körper
So an mir
Du, wenn Du
Auf mir liegst
Dein Gewicht
So auf mir
Oder Du in mir
Wir
Es ist schön
Einfach schön
Du, wenn Du stundenlang mit mir telefo-
nierst
Diskutierst
Mit mir die Landschaften Deiner Kindheit,
Deiner Jugend teilst

Ich meine
Mit Dir
Du, wenn Du kritiklos
Alle Umwege fährst
Weil ich die kleinen Straßen und ver-
schlungenen Wege so liebe,
aber keine Autobahnen
Du, wenn Du Dir erlaubst zu träumen
Und wir
Uns Pläne schmieden
Aus weichen Kissen und warmen Quellen
Alle Farben und Formen
Zu etwas Neuem formen
Uns
Du, in Deiner Welt aus Zahlen und
Wahrscheinlichkeit, Berechnung
Lohnt sich das?
In Deiner Welt aus Logik
Gar nicht logisch
Deine Hyperchondrie
Deine Symphonie
der Angst
Des Misstrauens,
Der Abwertung
Mir gegenüber
Deine Dämonen der Unsicherheit
Deiner unsicheren Bindung
Erbe Deiner Vergangenheit
Lassen keinen Platz für mich
Du hast keine andere Verlässlichkeit als
Deine Gefühle
Deine Einschätzung
Deine Meinung
Darum
Sprichst Du mir meine ab
Du, wenn Du in der Tür stehst und lachst
Mich nicht an,
Sondern über

Du, wenn Du alles kommentierst,
Was ich tue
Mich süß findest dabei
Und liebenswert
Mir wieder und wieder erklärst
Wie verrückt ich sei
Ein Kind
Naiv und unbedacht
Ich, wenn ich Dich bitte
Damit aufzuhören
Ich, wenn ich Dir sage
Dass es mich kränkt
Du:
Du weißt doch, wie ich das meine
Du, wenn Du besser weißt als ich
Was ich zu fühlen habe
Was ich zu denken habe
Was wie ist
Oder zu sein hat
Und mir damit
Jede Möglichkeit
Der Selbstbestimmung nimmst
Du, wenn Du sagst,
Dass Du mich vermisst
Deine Augen sind so weich
So warm
So voller Gefühl
Ich möchte eintauchen
In Deine Augen
Deinen Blick
Diesen Augenblick
Du, wenn Du mich bittest
Bei Dir zu sein
Mit Dir zu sein
Zu bleiben
Du, wenn Du Deine Arme öffnest
Für mich
Du, wenn Du Dich öffnest

So verletzbar
Nackt
Dich mir zeigst
Du, wenn Du Dich bemühst
Du, wenn es Dir leid tut
Du, wenn Du mir Halt gibst
Mich hältst
Bei Dir
An Dir
Du, wenn Du in Deinem
Egokosmos kreist
Nur um Dich selbst herum
Immer wieder
Du, wenn Du referierst über
Stressreduktion und Erholung Pause und
Geldsparen
Nicht oder sehr viel weniger arbeiten
Effizient sein
Glücklich sein
Glückseffizienz als Lebenskonzept
Glückseffizienz,
Die Streit und Auseinandersetzung nicht
zulassen will
Du, wenn Du das Essen isst,
Dass ich eingekauft habe
Dass ich zubereitet habe
Dass ich auf den Tisch gestellt habe
Dass ich selber nicht essen kann
Dass ich nach Deinem Vortrag
Über die Effizienz
Wieder wegstellen werde
Ich,
Nicht Du
Du bist effizient
Du, wenn Du schläfst
Wenn Du im Schlaf nach mir suchst
Du, wenn Du mich liebst
Du, wenn Du Angst hast

Ich könne Dich verletzen
Du, wenn Du darum vorsorglich
So tust
Als sei Dir alle Verletzungen egal
Als sei unser Wir ein beliebiges
Austauschbar und wertlos
Als hätten wir keinen Einfluss darauf
Wer wir sind
Wie wir sind
Wie wir sein wollen
Was wir tun
Du, wenn Du nicht da bist
Und mir ganz nah
Du, wenn Du hier bist
Und ich Dich doch nicht greifen kann
Du, wenn Du als Zugvogel
Mir jedes Ankommen in Dir unmöglich
machst
Du

Poli-
Tics

Früher und heute

Früher hat mich deutscher Nationalstolz
vor allem
Mit sehr viel Scham
Und Fremdscham erfüllt
Heute macht mich deutscher Nationalstolz
Zitternd vor Angst
Und sehr, sehr wütend

Die Nazis von gestern und heute

Früher trugen Nazis
braune Uniformen
Und später dann Bomberjacken, peinliche
Tattoos und Baseballschläger unterm Arm
Sie grölten laut
Waren besoffen
Und in ihren Gesichtern und Glatzen spie-
gelte sich die Dummheit Ihrer
Glaubenssätze
Die Nazis von früher wohnten in Rostock
und Lichtenberg
Und ein paar auch in Mölln
Und in dieser einen Straße in Dortmund
Irgendwie war das total praktisch
Dass die so aussahen, wie die aussahen
Und wir darum wussten
Und auch,
Das wir wussten, wo die wohnen
Denn
So waren sie auf den ersten Blick
Zu erkennen
Die Nazis von früher befanden sich weit
außerhalb meines sozialen Radius
Und sie waren stolz
Deutsche zu sein und
Nazis zu sein
Was als Identität wohl immer dann ausrei-
chend wird,
Wenn Menschen sonst nichts haben, worauf
sie stolz sein könnten
Z.b. ne voll gute Idee, einen klugen

Gedanken oder die Begabung andere Men-
schen zum Lachen zu bringen oder sie emo-
tional aufzufangen oder so
Früher,
Und das ist gar nicht so lange her,
War einer breiten Masse (mit Ausnahme der
Nazis selbst) irgendwie klar
Dass Nazisein
Kein direkt erstrebenswertes Lebensziel
war,
Sondern vielmehr Ausdruck von
Da-ist-aber-ne-Menge-schiefgelaufen-bei-
Dir
Zeitgleich war die breite Masse natürlich
auch gestern gar nicht weniger ausgren-
zend, rassistisch und faschistoid
Und klatschte auch gestern schon begeis-
tert Beifall oder schaute beflissen zu
Seite
Wenn
Nazis Menschen jagten, sie zu lebenden
Fackeln oder Seife verarbeiteten
Nach außen hin
Tat die breite Masse aber wenigstens
beschämt
Du kannst jetzt sagen
Joa,
Ist doch aber auch scheiße mit so viel
Doppelmoral
Und ein bisschen hast Du damit wohl
recht,
Und ein bisschen schön ist es trotzdem,
Wenn die Masse immerhin bemüht ist, ihre
diskriminierende Dreckskacke nicht öf-
fentlich zu zeigen

Und dann vielleicht eher nur so privat
Arschlöcher*innen sind
Weil dann bekommen das Arschlochverhalten
halt immerhin nicht so viele ab
Und vielleicht gewöhnten wir uns dann
auch nicht so daran
Oder wären zumindest irritiert
Wenn Nazisprech plötzlich als
"Das wird man ja wohl noch sagen dürfen"
im öffentlichen Raum
Deklariert würde

Heute tragen die Nazis
Selbstgestrickte Wollpullover und lange
Haare
Die Nazis von heute leben in selbst
ernannten König(*innen)reichen
Und bewegen sich in einer Blase aus Nazi-
hippies, die sich schmücken mit Friedens-
taubenfahnen, Kalaschnikows und Hüten aus
Alufolie
Sie hören Reggae oder Hiphop
Und wohnen gleich nebenan
Und das macht's auch so ein bisschen
schwierig,
Weil man die neuen Nazis nämlich gar
nicht mehr sofort erkennt
Und weil es auch gar nicht mehr nur die
ganz anderen sind, sondern plötzlich auch
die nette Nachbarin
Die von nebenan oder gegenüber
Die Nazis von heute definieren sich auch
nicht mehr als nationalsozialistisch son-
dern
als sozial patriotisch

Und auch wenn das
Den so ziemlich identischen Gesinnungs-
zustand beschreibt
Macht das wohl einen Unterschied
Zumindest für die Nazis selbst
Die Nazis von heute
Hassen nicht mehr ausschließlich stupide
und aggressiv in Gegend herum
Sondern verstehen sich selbst als
besorgte Bürger*innen
Die aus lauter Sorge heraus
Nicht anders könnten,
Als Galgen und Guillotinen
Für ihre Mitmenschen bereitzustellen
Sie bilden christliche Werteunionen und
positionieren sich
Alternativ für Deutschland in Bündnissen
von Wagenknechten und Konsorten
Sie marschieren auf dritten Wegen
Und sind immer noch stolz wie Bolle
Volk ihrer Nation zu sein
Was sie aber eigentlich auch verachten,
Da die Nation ethnisch schon total ver-
mischt sei
Der große Austausch und so
Und eigentlich auch nicht existent
Sondern vielmehr eine GmbH und Co Kg
Die Nazis von heute glauben an
Exenmenschen und
Fürchten kinderbluttrinkende Eliten
Wickeln sich in Felle
Oder schicke Anzüge
In denen sie sich die Wege in die Parla-
mente bahnen
Ihre einende Dummheit ist heute keine

optische mehr
Sondern spiegelt sich in der Willkür
ihrer Argumente, die darauf abzielen ein
„Daoben" und ein „Daunten" zu konstruie-
ren
„Daoben" ist Herren*Klasse, Rebellion und
„Dasvolk" (welches auch immer)
„Daoben"sind die Auserwählten und
Erwachten , „Daunten" sind die anderen
Die anderen sind schuld
Heute kämpfen Nazis an der Seite
türkischer Wölfe und russischer Bären
Die Nazis von heute werben und
identifizieren sich mit Ché und Anne
Frank, weil die waren ja auch gegen das
System oder wie sie selbst Opfer davon.
Der Islam ist das neue Judentum und das
Übel der Nation
Eigentlich aller Nationen
Und in seiner Bedrohung fast so schlimm
wie Gendern
Die neuen Nazis
Sitzen aktuell mit fast
25% im Europaparlament
Holten in den Landtagswahlen zweier Bun-
desländer mehr als 30%
Und dürfen Ihre Aluhüte und Ihren
faschistischen Scheissdreck auch noch
schön von meinen Steuergeldern basteln.
Die Nazis von heute
Sind längst
Teil unserer Mitte

Und in ihrer Gefahr so schlimm wie 33

Die Brandmauer

Ich will keine Brandmauer sein
Sondern das Feuer
Mit dem sich Widerstand
Gegen Euer Nazitum erhebt

Für die iranischen Kämpfer*innen

Manchmal
Ist das Tragen einer Schere
Gleichbedeutend
Mit dem Ausruf
Einer Revolution

Die Sorgen der Bürger*innen

Ich lese in letzter Zeit ja oft,
dass wir,
Also die Politik
Also die Gesellschaft
Also ich
Die Sorgen der Bürger
Und zwar zumeist ohne das *innen endlich
Ernst nehmen müssten
Und allem voran die Sorgen deren,
Die sehr laut schreien
Und auf ihren montäglichen Märschen
Sich selbst als "DasVolk" im Szene setzen
Alternative Fakten und gefühlte Wahrhei-
ten als Nonplusultra proklamieren
Und den einen oder anderen Galgen dabei
mitrumschleppen
Um die einen oder anderen vermeintlich
Verantwortlichen für was auch immer
daran aufzuhängen
Denn
Diese besorgniserregenden Bürger*innen
hätten Angst
Und das Gefühl
Abgehängt zu sein oder zu werden
Sie hätten Sorgen und
Dürsteten nach Erklärungen
Sie seien überfordert und
Überhaupt sehr verunsichert
Und befänden sich in einer Art
Identitäter Gesamtkrise
Und das genau sei der Motor
Für das Erstarken
Rechter Hetze
Populistischer
Rassistischer
Faschistischer

Parteien
Und darum eben
Sollten wir in den Dialog gehen
Zuhören
Ernstnehmen.
- Akzeptanz statt Ausgrenzung
- Meinung zulassen und
- Das muss eine Demokratie aushalten
Allein:
Ich hab da so meine Zweifel

Denn habt ihr auch darüber nachgedacht,
Dass viele Bürger und *innen
-Auch wenn sie nicht schreien und sich
nicht scheisse verhalten-
Noch viel besorgter sind?
Nämlich dann,
Wenn ihre Existenz
Ihr Recht auf Schutz
Ihr Recht auf Unversehrtheit
Ihr Recht auf Leben
In Frage oder gar in Abrede gestellt wer-
den?

Wenn in prunkvollen Villen über Deporta-
tionspläne für 1/4 unserer Bevölkerung
diskutiert wird? Wenn Molotowcocktails
durch die Schlafzimmerscheiben fliegen?
Wenn Menschen plötzlich angespuckt, ge-
schlagen, gedemütigt werden? Abgeknallt?
Wenn Polizist*innen diese Gewalt in in-
ternen Chatgruppen mit funny Memes als
funny Freizeitgestaltung kommunizieren?
Wenn die gleichen Polizist*innen Men-
schen, deren Hautfarbe nicht ihrem Bild
arischer Reinheit entspricht in Gefäng-
niszellen abfackeln und nicht einschrei-
ten, wenn wildgewordene Rassist*innen

Hetzjagden auf Mitmenschen veranstalten?
Und die Justiz dies wieder und wieder als
unpolitische Einzeltat einstuft? Ja, wie
viele Einzeltaten braucht es denn, um
hierin ein System zu erkennen?

Und habt Ihr auch mal darüber nachge-
dacht,
Dass gar nicht alle, die hier leben,
Bürger*innen sind?
Und dennoch
Menschen mit Würde und Wertigkeit
Mit Sorgen, Ängsten und Wünschen, Ansprü-
chen und Rechten?
Mal darüber nachgedacht, dass
Nicht nur Angst
Sorge
Wut oder
Das Gefühl abgehängt zu sein
Motor ist und Motivation sich in
Menschenverachtenden Parteien und Bewe-
gungen einzurichten?
Sondern eben genau
Die menschenverachtende Haltung selbst
Motiv und Anreiz schafft?
Vielleicht ist es
Und das ist,
Wenn wir den Gedanken mal zulassen,
Ja gar nicht komplett abwegig
Auch möglich
Dass Faschist*innen
Faschistische Parteien wählen,
Weil sie Faschismus halt verdammt gut und
attraktiv finden.
Und wenn demokratische Grundwerte
Abgebaut und unterwandert werden
Dann besteht eben tatsächlich das Risiko
Dass eine Demokratie

Das nicht aushält
Sondern daran zerbricht
Wäre ja auch gar nicht das erste Mal.
Und gerade in all diesen
Faschistischen
Rassistischen
Populistischen
Parteien
Kreisen
Bewegungen
Sind doch genug Leute unterwegs
Die wollen gar keine Demokratie.
Die finden Demokratie voll lästig
Störend
Mangelhaft
Und überholt
Warum also,
Denkst Du
Sollten sie diese dann schützen wollen?
Und so sehr
Das Recht auf freie Meinung
Auf vielfältige Positionen und Haltungen
Zu verteidigen und zu schützen ist,
So klar müssen doch alle,
Deren politische Auffassung es ist,
Diese einzuschränken und zu reglementie-
ren
Selbst eingeschränkt und reglementiert
werden
Und Nein!
Wir müssen Bürger oder *innen
Die Demokratie und Freiheit,
Die Menschenrechte und Würde,
Existenz und das Leben anderer
Aus welchen Gründen auch immer
In Abrede stellen
Keine Bühne geben!

Und es braucht auch keine öffentlichen
Fernsehshows
Um Menschenverachtung zu proklamieren
Und die geistige Diarrhö faschistischer
Politiker*innen
in noch mehr Wohnzimmern zu verbreiten.
Weil, selbst wenn dann die einen oder an-
deren feststellen,
dass Sache mit dem Faschismus doch ir-
gendwie scheisse ist,
ist die Scheiße ja dann trotzdem schon
da,
hat sich in Polstermöbeln und Dielenböden
eingegraben
Und wer schon mal 'nen Rohrbruch hatte,
Einen von diesen Abwasserrohren,
Der*die weiß,
Das ist kein Kinderspiel
Das geht nicht einfach so vorbei
Und hinterlässt sehr nachhaltig, seine
sehr widerwärtigen Spuren
Und genauso wenig, wie platzende oder
überlaufende Scheisserohre in Wohnzimmern
oder Herzen
Eine Alternative darstellen
Genauso wenig stellen auch bestimmte po-
litische Haltungen oder Gruppen
Eine Alternative dar
Und so sollten wir
Konsequent und jederzeit einschreiten,
Wenn Demokratie und Menschenrechte in
Frage gestellt werden
Und sollten unsere Stimmen erheben für
die,
Deren Stimmen in der Kakophonie populis-
tischer Parolen
So oft untergehen

Die nicht gehört werden
Oder einfach keine Kraft haben mehr zu
schreien.

Pralinen fressen

Die einen fressen Pralinen
Andere erfrieren im Schnee
Wir steigen über die Schlafplätze
Derer,
Deren Schlafplätze
Der Hauseingang
Der anderen ist
Auf dem Weg ins Büro
Durchquere ich die Wohnzimmer der
Obdachlosen,
Penner,
Junkies,
Ausgestoßenen,
Derer
Die Überlebten
Kämpfer*innen
Krieger*innen
Die Wohnzimmer stinken
Es liegen Spritzen herum
Und Kacke
Müll
Zigaretten
Es ist kalt
Mich friert es
Auf dem Weg in mein Zuhause
Ich habe ein Zuhause
Wände
Fließendes Wasser
Ein Bett
Ich lebe in einem der reichsten Länder
der Welt
Wir könnten alle
Pralinen fressen
Und in beheizten Wohnzimmern zusammensit-
zen

Statt
Über Schlafstätten zu steigen
Wenn wir ein Haus betreten

Völkermord

Wer innerhalb eines halben Jahres
35.000 Menschen eines Volkes tötet
Muss
Die Absicht dieses Volk zu töten
Nicht erst verbalisieren
Und begeht dennoch
Einen Völkermord
Manchmal sind Taten alleine
Aussage genug

Versorgungsarbeit - mental overload

Ich mache
Alles
Dieses Alles
Macht mich
Kaputt

Nazihüpfburgen und Kinderschminken

Im Kampf, so sagen die Leute
Sind alle Mittel recht.
Manche sagen auch: Hauptsache keine Ge-
walt.
Kampf ist ja schon per Definition nie
einfach nur ein wertschätzendes Miteinan-
der auf Augenhöhe,
sondern fordert Gewinn und Verlust.
Ein "besser" und ein "weniger gut".
Kann für etwas oder gegen jemanden statt-
finden.

Kämpfende
Hab ich so festgestellt,
sind mitunter sehr schwer aufzuhalten.
Ich bin in Brandenburg.
Brandenburg könnte auch
Thüringen sein.
Oder Sachsen.
Wahrscheinlich auch Bayern oder Baden-
Württemberg oder Niedersachsen,
aber jetzte war`s halt Brandenburg
Es ist Wahlkampf.
Ein Wahlkampf ist ein Kampf,
der wird häufig mit Worten ausgetragen.
Worte auf Stickern,
Auf Flyern
Auf Wahlplakaten.
Worte,
Die durch Mikrophone gebrüllt werden.

In der Großstadt erlebe ich Wahlkampf
häufig hektisch.
Mobile Parteistände auf dem Weg zum Shop-
pen.
"Hey, wenn du unseren Flyer liest,
Geben wir dir diesen Kugelschreiber gra-
tis dazu!"
Es geht schnell.
Schnell Kuli verschenken.
Schnell Plakate runtereißen.
Schnell Plakatklebende zusammenschlagen,
krankenhausreif.
Alles ist so schnell hier.
Ich stecke den Kuli in die Tasche.
Den Flyer in den Müll.
An guten Tagen
Kannste locker um die 10 Kugelschreiber
einsammeln.
Wahlkampf auf dem Land ist irgendwie an-
ders.
Langsamer z.B.
Wahlkampf auf dem Land schmeckt nach Som-
mer und selbstgebackenem Kirschkuchen.
"Haben Sie
eventuell auch Kugelschreiber?"
Die Parteien organisieren
Familienfeste auf dem Marktplatz.
Es sind alle eingeladen.
Manche sind auch nicht eingeladen.
Manchen Menschen solle auch,
so der Wunsch einiger besonders

rassistisch ambitionierter Politiker*innen, per Gesetz und ganz generell
die Teilhabe an öffentlichen Feiern und
Zusammenkünften entzogen werden.
Oder sie werden eben gleich remigriert,
Deportiert
Euthanasiert
Kollektiv-präventiv
Sozusagen
Und die,
die nicht eingeladen sind,
dürfen dann halt auch
vom Kirschkuchen nichts kosten.
Ist ja klar.
Das Familienkampffest
Bei dem ich heute aus der Ferne beobachtend zur Gäst*in bin,
hat nicht nur Kuchen
sondern auch ganz andere Dinge zu bieten.
Neben faschistischen Redebeiträgen von
verurteilten Neu- oder Altnazis,
Identitären und anderen
Menschenhasser*innen,
die sich als
Alternative für Deutschland ausgeben,
gibt es hier gratis
Bratwurst
Kinderschminken
Saufgelage
und ne Nazihüpfburg.
Die Hüpfburg im blau-weißen
Parteidesign
wackelt rhythmisch

im Takt des
Hasses,
der aus den Lautsprechern schallt, unter-
malt von billigen Schlagerbeats.
"Ein Großes Dank
An DJ Banane!"
Das Kinderschminken ist bestens besucht.
"Na, Mausi, als wat woll`n wa dich denn
schminken?
Prinzessin?
Reichsadler?
Waffen-SS- Hauptsturmmann?"
Ich stehe da.
Mit den Kugelschreibern in meiner Tasche.
Frage mich,
wie das passieren konnte.
Wie konnten
Kugelschreiber zu Hüpfburgen mutieren?
Mobile Wahlstände
zu fancy Nazifamilienfesten?
Im Kampf, so sagen die Leute
sind alle Mittel recht.
Manche sagen auch: Hauptsache keine
Gewalt.
Ist das Bereitstellen von gewaltigen
Hüpfburgen
als Lockmittel um Kinder an den Faschis-
mus zu gewöhnen gewaltfrei?
Ist es moralisch vertretbar
Kinder mit in Kampfhandlungen einzubezie-
hen?
Sind die Kinder,
Die mit ihren Nazieltern

Zu Nazifamilienfesten gehen,
Nazikuchen essen und auf
Nazihüpfburgen

Naziparolen nachplappern
Nazikinder?
Wie gehen wir damit um,
wenn diese Kinder 5 Jahre später zu
Jugendlichen werden, die sich samstags
verabreden um "Ausländer klatschen" zu
gehen?
Ich bin ich,
In Brandenburg
Oder Thüringen
Oder Sachsen.
Bin Teil des mehr als überschaubaren
Gegenprotestes.
Wir haben Argumente dabei und Fakten.
Überprüfbare Zahlen.
Wir haben bunte Fahnen und laute Musik.
Aber Musik und Fahnen, Zahlen Fakten, Ar-
gumente können doch mit `ner Hüpfburg und
selbstgebackenem Kirschkuchen nicht kon-
kurrieren!
Und während ich noch überlege,
ob es ethisch in Ordnung wäre,
meine 10 Kugelschreiber in die Hüpfburg
zu rammen,
um so den Nazikindern den Nachmittag zu
versauen,
damit die dann wiederum ihren Nazieltern
den Nachmittag versauen,

indem sie diese nämlich so lange voll-
quengeln
bis sie entnervt das Fest verlassen
und nach Hause ziehen
Um dann von Zuhause aus
Privat weiter zu hassen,
passiert etwas völlig Außergewöhnliches:
Plötzlich ist da eine riesige Nacktschne-
ckeninvasion und die völlig überdimensio-
nierten Nacktschnecken kriechen in einem
Wahnsinnstempo auf das Nazifest zu.
Wälzen sich über den Marktplatz und die
Nazis.
Sie begraben DJ Apfelmus unter ihren
braungesprenkelten Riesenschneckenkör-
pern.
Und weil die Nacktschnecken ja riesig
sind, sind natürlich auch ihre Schleim-
spuren gigantisch. Alle Nazis, die nicht
unter den Riesenschnecken begraben wur-
den, rutschen auf den schleimigen Spuren
aus
und bleiben bewegungsunfähig darin lie-
gen.
Alles ist still.
Und nur die Kinder hüpfen weiter.
Auf und ab.
Auf und ab.
Auf und ab.

Wut-Produktivität

Wenn wir gemeinsam zusammen wütend sind
Kann unsere Wut ein
Wunderbar kraftvoller Motor sein
Um endlich
Die Veränderungen einzuleiten
Die seit Jahren
Jahrzehnten
Ewigkeiten
Darauf warteten
Unsere Wirklichkeit zu werden

Für Dich, der Du warst, der Du bist, der Du sein wirst

Ein Foto
Das Jahr vierundzwanzig neigt sich dem
Ende
Ich sehe das Foto
Ich sehe zwei Hände
Die zwei Schlingen halten
Ein Foto
in der Zeitung
Ein Bericht
Ein Leben
Du
Deine Schultern fallen schlaff von einem
Körper
Der einst
Deiner war
Einst
Warst Du ein Mensch
Vielleicht wurdest Du
In Liebe gezeugt
Zwei junge Menschen mit Neugier beäugt
Die eine den anderen
Ein Lächeln
Ein Kennenlernen
Ein Versprechen
dass sich in
Zarten Küssen
halsabwärts tastet
Auf Brust und Bauch,
Ihren Beckenknochen
Kleine Explosionen,

als seine Lippen hinunterkrochen
Die Deiner Mutter berührten
Lustvolles Stöhnen
Lustvolles Eintauchen in einen sich öff-
nenden Körper
Vielleicht war das
der Ursprung Deines Seins
Vielleicht wurdest Du
In Hass geboren
In Schmerzen
In Einsamkeit
Lag da ein Arm für Dich bereit?
Ein Arm,
Dich zu tragen
Dich zu pflegen
Dich mit Liebe zu umhegen?
Dir Schutz zu geben?
Arme, Dich zu tragen
Hände, die Dich schlagen
Ich kann dich nicht fragen
Denn Du weißt es nicht
Ein Foto
In der Zeitung
Ein Bericht
Du
Du vor dem Gebäude
Du auf der staubigen Straße
Wer warst Du?
Vielleicht das dritte Kind deiner Eltern?
Der langersehnte Sohn?
Das 10. Maul, das zu stopfen sich kaum
lohnt?
Ein Prinz, der auf goldenen Kissen

thront?
Ich kann Dich nicht fragen
Du weißt es nicht
Du hast vergessen
Dass Du menschlich bist
Vielleicht warst du ein Freund
Ein fürsorgender und einfühlsamer
Vieleicht hast du mit bunten Perlen ge-
spielt
Drachen steigen lassen
Drachen gefangen
Sie stolz an deine Wand gehangen
Eine Blume geliebt
Dein Herz verloren
Oder einen Luftballon
Dessen Schnur Dir
Aus klammen Fingern glitt
Haltlos über Berge trieb
Vielleicht warst du Rabauke, etwas zu
wild,
Den Erwachsen zu laut
Hast schon mal Obst
Vom Nachbarsbaum geklaut
Vielleicht hattest Du Spaß die Katze zu
quälen
Was Dich,by the way, echt unsympathisch
machte
Vielleicht wolltest Du schlucht
etwas anderes wählen
Als dieses Leben das man dir gab
Deine Heimat
Ein Massengrab

Voller Träume von Frieden und Glück
Unerfüllte Utopien der Freiheit, der
Gerechtigkeit
Nur Leid
gab es reichlich
Und Schmerzen im Überfluss
Vielleicht spürtest Du,
Du musst
Dagegen aufbegehren,
Dich wehren
Vielleicht wolltest Du schlicht
Etwas anderes wählen
Als dieses Leben
Geprägt von Hunger
Und Bomben
Elend und Tod
Was fandest Du?
Warst Du alleine auf Deinem Weg?
Oder suchtest Du zu zweit?
Wer hielt deine Hand
Als Du zweifeltest?
Warst Du bereit
All das auf Dich zu nehmen?
Wusstest Du,
Was das heißt?
Bereit zu sein?
Du
Wenn Du da stehst
In Deinen Händen diese Schlingen trägst
Auf dem Foto
Das von Dir erzählt
Und nichts über Dich sagt
Und ich kann Dich nicht fragen

Denn Du weißt
Nicht mal mehr
Welchen Namen
Dir einst Deine Mutter gab
Du
Freiheitskämpfer
Rebell
Idealist
Optimist
Kriminell
Revolutionär
Einen Ticken zu gewagt
Einen Ticken zu naiv
Deine Heimat,
Dein Land
Einst als Eden bekannt
Biblisches Paradies
In dem Datteln sich mischen mit
Dem Duft der Granatäpfel und geröstetem
Kadermohn
Aus kleinen Lampen
Lichter strahlen
Hier stiegen die Sterne den Himmel herab
Um die Wege zu säumen
Für Dich
Die Nacht zu erhellen
Oh, Es war gut
Es war schwierig
Es war Dein Leben
Hat Dir alles genommen
Und Dir so viel gegeben
Doch heute weißt Du
Nichts mehr davon

Denn Du
Hast vergessen, wer Du bist
Hast vergessen
Was ein Mensch ist
Woran sich Menschlichkeit bemisst
Natürlich hast Du das
Denn auf dem Foto
In der Zeitung
Dem Bericht
Stehst Du vor dem Gebäude
Dass sie das
Menschliche Schlachthaus nennen
In Sednaya
Vor Damaskus
Vor Jahren
Musst Du dort hinein gekommen sein
Doch ich kann Dich nicht fragen
Du weißt es nicht mehr
Du hattest ein Kind
Warst Ehemann
Und Deiner Eltern Sohn
Dann kamen sie Dich hol`n
Und als sie Dich holten
Spürtest Du vielleicht
Zum ersten und zugleich
Zum letzten Mal
was es heißt
Wahrhaftig am Leben zu sein
Was es heißt
Aufrecht zu stehen,
die Sonne zu sehen
Hoffnung zu fühlen und
Schmerz

Gefühle sind ein Privileg der Lebendigen
Du hingegen existierst
Dein Sohn ist
In den Jahren
In denen Du
Grauen und Folter und Tod
Abfall fressen und
Menschenpressen
Überstehst
Zum Mann geworden
Er präsentiert Dir heute
Deinen Enkel
Und Du stehst da
In Deinen Händen
Zwei Schlingen
Zwei Galgen
Und hast vergessen
Wer Du bist
Erkennst Dich nicht
Weißt nicht
Ob Überleben
Qual oder Segen ist
Ein Foto
In der Zeitung
ein Bericht
Über die Unendlichkeit der Grausamkeit
Und darüber,
Wie es ist
Wenn ein Mensch
Sein Menschsein vergisst

Ich lese Wahlergebnisse

Ich lese Wahlergebnisse
Ich möchte
Weinen
Ich möchte weg
Und habe kein Wohin
Ich lese
70% aller AfD-Wähler*innen wählten die
Partei aufgrund ihrer politischen Ideale
Das ist kein Denkzettel
Kein Protest
Kein: Ich- komme-nicht -klar-im-System
Da wählen Leute `ne Partei
Die ist gesichert faschistisch
Gesichert rechtsextrem!
Und ich hör`s gleich schreien
Das stimmt nur in Teilen
Denn es gäbe ja solche und solche
Und die könne man
Doch nicht alle in einen Topf werfen
Da muss man ja auch mal differenzieren!
Und das stimmt
Denn natürlich gibt es diese und jene und
solche und
Auch die ganz anderen
Und doch tragen sie alle
Ob nun gemäßigt oder Beflügelt
Auch die Radikalsten mit
Ich lese Wahlergebnisse
In manchen Orten lagen die
Blauen Erfolge bei über 40%

Über 40%
Alternativ-enthemmt
Faschistisch- national
Und
Rechtsradikal
Eine solche Gesinnung
Als demokratisch deklarieren
Im parlamentarischen Diskurs zu etablie-
ren
Und zu suggerieren
Dies sei normal
Das hatten wir doch längst schon mal!
Weißt Du noch?
Ich lese
Da sind viele junge Menschen bei
Die wählten
Zu 38 % diese Partei
Ich denke
Ey, die Jungend von heute...naja
Und denke an die Jugend von heute
In meinem Umfeld,
Die offenbar anderen 62 %
Meine Tochter auch ganz ohne Migrations-
geschichte
Immer migrantisch, immer fremd
In dem Land, dass sie ihre Heimat nennt
- *Na, da ist aber auch noch was anderes
mit drin, ne*
Und
-*Du kannst aber keine Prinzessin sein.
Prinzessinnen haben keine dreckige Haut*
Mein Neffe zu Schwarz
Und die Locken zu kraus

Zwischen
- *Oh, ist ja niedlich so was*
und
- *Ausländer raus!*
Mein Nachbarskind
Zu Behindert, zu wenig auf Leistung ge-
eicht
- *Als Eltern von so was, da hat mans*
nicht leicht
Der Kumpel zu schwul
- *Ekelhaft!*
- *Abartig, krank*
Das Kind der Kolleg*in
zu trans*
- *Also, so was hat es*
früher aber auch nicht gegeben
Und
- *Verbieten sollte man so was! Echt*

Die Jugend von heute
Sie spürt diesen Hass
Dem sie Tag für Tag
Ausgeliefert ist
Durch die Peers,
Durch die Alten
Durch uns
Die wir so oft die Klappe halten
Im analogen Leben wie im Netz
Erleben die Gewalt einfach doppelt jetzt
Lese ich
Bestürzung
Angst und die
Verzweiflung

In den Gesichtern
Ich lese
Wir müssen uns zuhören
Um einander zu verstehen
Auch die andere Seite sehen
Aufeinander zugehen
Und ich denke an
Hanau an
Halle an
Sylt an
Die Opfer des NSU
Die unbenannten iranischen Student*innen
in Eichstätt
Ich denke an München
An Rostock
An Mölln
Denke an die verbrannte Mutter und ihr
verbranntes Kind in Eberswalde
Und ich denke
Aufeinander zugehen?
Echt jetzt?!
Die Erfahrung lehrt uns
Das es sicherer ist wegzurennen
Denn Baseballschläger,
Worte,
Bomben
Brandsätze und
Stiefelspitzen
Treffen die zuerst, die stehenbleiben
Vor ein paar Jahren
Rief Ehrennazi Gauland
Im öffentlichen Fernsehen:
Wir werden sie jagen!

Und ich denke
Wow,
Genau das geschieht!
Sie jagen uns
Jetzt
Denke ich,
Ich will keine Gejagte sein
Ich will weder weg noch rennen
Denn ich habe nichts verkehrt gemacht
Ich denke
Auch die jungen Menschen aus meinem Um-
feld
Sie haben nichts verkehrt gemacht
Zur Jagd ausgerufen
wurde nicht ihr falsches Handeln oder Tun
Sondern ihr Sein
Und ich spüre
Ich ertrage nicht länger,
dass
so viele Menschen
Rassistisch und
Faschistisch
Ableistisch und
Sexistisch
Adultistisch
Klassistisch
Oder sonst wie -istisch
Zerstört
Überhört
Entwertet
Verhärtet
Werden
Ausgegrenzt und

Ausgeschlossen
Totgeprügelt
Totgeschossen
Ich lese die Wahlergebnisse
Ich habe Angst
Ich habe Wut
Und ich habe überhaupt keine Antwort
Weiß nur
Ich werde weitermachen
Werde nicht aufhören
Mich dieser Menschenverachtenden Scheisse
Entgegenzustellen
Jetzt erst recht

Pe-
nisse

Liebe*r Söder*in

Für eine Person die immer wieder behaup-
tet
Es gäbe wirklich wichtigere Dinge auf
dieser Welt als Gendern
Hast Du Dir die Sache mit dem Gendern,
Also dem Versuch
Menschen zumindest auf sprachlicher Ebene
halbwegs diskriminierungsbewusst oder zu-
mindest nicht komplett ihre Identitäten
negierend zu begegnen, echt was kosten
lassen.
Ein eigenes Gesetz dass Grammatik über
Menschen stellt?
Respekt.
Erbärmlicher geht's selbst in der CSU
noch kaum.

Highlights und Penisse

Ich stehe im Raum
Es ist ein Raum
In dem ich den Mittelpunkt bilde
Das Highlight
Ich bin Gastgeber*in,
Entertainer*in
Ich bin die
Die alles vorbereitet hat
Sehr gut vorbereitet ist
Ich bin gut
Richtig gut
Ich bin die
Der alle zuhören
Die alle angucken
Ich vermittle Wissen
Fachwissen, Nischenwissen
Mein Wissen ist
Ein seltenes Gut
Am Ende kommt der Mensch mit dem Penis
Der einzige in unserer Runde
Lächelt mich an
Und sagt:
Für eine Frau
Haben Sie das echt gut gemacht.

Der Franz-Josef Strauß in mir

An ihr ist ein Junge verloren gegangen
Ein richtiger Wildfang
Schon am Tag meiner Geburt
Wurde ich mit einem Mann verglichen
Und zwar
Mit Franz Josef Strauß
Später habe ich gesehen,
Das war nicht nett
Ich war eine so genannte Sturzgeburt
In einem Wahnsinnstempo pressten wir mich
durch
Enge Scheidenmuskeln und hardcore Becken-
knochen
Da blieb keine Zeit für Beauty
Glücklicherweise
Wurde ich trotzdem als
Ausreichend liebenswert befunden
Und so blieb der Franz-Josef in all
seiner Hässlichkeit zwar anekdotischer
Urvergleich meines Seins,
Zog aber keine Dauerabwertung meines
körperlichen Erscheinungsbildes nach sich
Viel stärker rückte da schon mein
Verhalten
In den Aufmerksamkeitsfokus
Der mich umgebenden Sozialisationsperso-
nen
Sei nicht so laut
Sei nicht so wild
Sei lieb
Ach, dieses Kind
Dieses Kind macht nie, was man ihr sagt
Sie ist ganz anders als ihre Schwester
Ich bin im Kindergarten
Im Kindergarten bin ich hauptzeitlich
Schatzsucher*in,

Zusammen mit meiner Gang
Minzug und Sam
Wir graben sehr viel und wir graben sehr
tief
Bis ans Ende vom Buddelkasten graben wir
Und obwohl wir nie einen Schatz gefunden
hatten
Waren wir doch mega gut im Suchen
Das Jahr,
In dem ich mir
Die Zöpfe abschneide,
Ist das Jahr
In dem mich die Welt ausschließlich als
Junge wahrnimmt
Ist das Jahr
In dem ich fast ausschließlich Kleider
trage
Ist das Jahr
In dem ich mich das erste Mal bewusst mit
geschlechtlicher Identität beschäftige
Ist das Jahr
In dem ich weiß
Ich bin ein Mädchen*
Und man(n) mir aufträgt:
Na, dann verhalten Dich auch so.
Ich bin fünf
Ich möchte genauso stark sein, wie Pippi
Langstrumpf
30 Jahre später liebe ich ihre Stärke
noch immer,
Schmeiße das Buch aber trotzdem weg,
Wegen Rassismus und so
Als die Gang sechs wird, kommen wir in
die Schule
Sam und ich machen Spaßprügeln im Klas-
senzimmer
Zur Strafe müssen wir in der Ecke stehen
Also in verschiedenen Ecken

Sam muss darüber nachdenken, warum er in
der Schule nicht prügeln darf
Ich bekomme den Auftrag, herauszufinden,
Ob Prügeln für ein Mädchen*
Schicklich sei
Aber ich verstehe nicht
Weil das doch für uns beide lustig war
Kind,
Benimm Dich doch mal und sei nicht so
Wie, so?
Wieso sollte ich mich denn nicht so be-
nehmen?
Ja, wie wollt ich mich denn?
Wie muss ich denn sein
Damit ihr findet so wäre mein Sein wie es
zu sein habe?
Anders
Normaler
Ahh!!
Da kommt sie
Dieses Kind
Dieses Kind
Dieses Kind bin ich.
Ich bin geboren
Als Wunschkind
Als ungezähmter Schmetterling
Raupig nach der Geburt
Dieses Franz-Josef-Strauß-Ding
Und dann wunderschön
Als Kind
Meiner alleinerziehenden
Mutter
Die mich liebt
Die mich hypt,
Die mir keine Grenzen setzt
Die mich immer wieder
Viel zu früh
Mir selbst überlässt

Meine Mutter
Die für uns keine Väter will
Nur uns
Ihre Mädchen
Ihre Kinder
So unterschiedlich
So toll
Meine Schwester ist lieb
Meine Schwester ist nett
Meine Schwester macht alles richtig
Ich bin das Gegenteil
Das lassen sie mich wissen,
Die Omas, die Onkels, Tanten
All die anderen Verwandten
Die Erzieher*innen
Die Schule
Der Hort
Kein sicherer Ort
Für mich
Wir ziehen um
Hier
Sind wir die Kinder der roten Doris
Die,
Mit der Emanzenmutter
Fabian Hölich beschließt direkt mich zu
verhauen, weil ich mich ja nicht wehren
könne
Erstens bin ich ja neu und zweitens nur
ein Mädchen*
Ich verprügle den so dolle,
Dass die Machtverhältnisse bis zum Ende
der Grundschulzeit geklärt bleiben
Aber ich verstehe nicht,
wie Fabian auf so eine Scheisse kommt
Freund*innen find ich trotzdem
Gut und schnell
Bin Genitalienübergreifend gut vernetzt
Gut eingebunden,

Gut im Sport
Nur werfen tu ich wie ein Mädchen*
Und das ist keine Tatsachenbeschreibung
Sondern Bewertung meines Untalents
Mehr Talent beweise ich da schon im
Pfeifen
Und bewege mich,
Seit dem ich es kann
Fast ausschließlich pfeifend durch das
Weltgeschehen,
Was mir direkt meine ersten Morddrohungen
beschert,
Denn:
"Mädchen*, die pfeifen und Hähnen, die
krähen, sollt man beizeiten die Hälse um-
drehen!"
Aber ich verstehe es nicht
Ich finde Pfeifen so cool

In der Schule und bei den Großeltern wird
mir wieder und wieder mitgeteilt,
Ich solle doch endlich mal lernen, mich
wie ein Mädchen* zu verhalten
Ich sei doch jetzt groß
Und bald eine Frau*
Und ich weiß genau
Mir macht das Angst und eigentlich will
ich das auch gar nicht
Eine Frau* werden
Und will so gerne
Anerkennung
Bestätigung und
Wohlgefallen
Doch so sehr ich mich bemühe,
Mich verrenke und zusammenreiße, mich
verdrehe
Ich bin nie so

Wie ich die andren Frauen* sehe
Ich bin fast jugendlich
In diesem Sommer
Wachsen Brüste aus meinem Körper
Es ist fürchterlich
Ich hasse Brüste
Sie machen alle Diskrepanz so sichtbar
mich so angreifbar
Und meine T-Shirts sitzen plötzlich auch
ganz schief
Ich hasse Monatsblutung
Und hasse es
Wie meine Mutter so stolz ist und sich so
freut
Mich im Kreise der Frauen*schaft
aufzunehmen
Ich will das nicht!
Klebe meine Brüste
Mit Gaffaband
An meinen Körper
Kaschiere was möglich ist unter viel zu
weiter Kleidung
Und grünen Haaren
Hilft aber nicht

Meine Kindheit endet an diesem Nachmittag
im Herbst.
Es hat geregnet und ich bin dreizehn.
Ich überlebe meine Vergewaltigung.
Überleben fühlt sich scheiße an.
Frau*werden auch.

Laut WHO leben mindestens 1 Millionen
Kinder in Deutschland, die erfahren sexu-
alisierte Gewalt.
Und so individuell auch die Opfer sind,
so strukturell ist die Gewalt.

Und diese Strukturen, das sind all die Franz-Josef Straußens, das sind die permanenten Hierarchisierungen von Personen und Personengruppen, dieses Machtungleichgewicht und die Ausnutzung dieser Macht.

Die Strukturen sind ein Fabian aus der 1c. die dauernde Be- und Abwertung von Kindern. Die Strukturen sind das ständige in Fragestellen weiblich* gelesener Wertigkeit.

Es ist das Absprechen von Fähigkeiten und Eigenschaften und das Hineinpressen von Menschen in viel zu begrenzte Schubladen.

Es liegt an uns diese Strukturen zu verändern. Es liegt an uns, Kinder vor sexualisierter Gewalt zu schützen. Und es liegt an uns, die Schmetterlinge, die wir waren, fliegen zu lassen.

Wichtigeres als Gendern

Du hast neulich geschrieben, es gäbe echt
Wichtigeres als dieses Gender.
Bzw.
Dass diese ganze Sache mit dem Gendern
total doof sei
Vor allem wegen der Grammatik
Dein nächstes Argument lautete
Dass auch der Markus die Sache mit dem
Gendern total doof fände
Und der Friedrich, der Hubert und der
Diddy sowieso.
Und die Uschi auch. Und die ist ja immer-
hin eine Frau. Und wenn die das schon
sagt, dann muss da ja was dran sein.
Und ich glaube Dir,
Glaube Euch,
dass Eure Prioritäten anders gelagert
sind als
Auf eine gendersensible Sprache und
Haltung Eurerseits zu achten.
Allein,
Nur weil Ihr Penisse besitzt
Oder an die Macht der Penisse glaubt
Und Teil dieses ganzen Pimmel*innen-
clubdingens seid
Seid Ihr nicht das universelle Maß aller
Dinge.
Und nur
Weil Du mit Deiner Ignoranz und Deiner
Unwilligkeit
Menschen in ihrer Vielschichtigkeit und
Diversität anzuerkennen
Nicht alleine dastehst

Wird das halt nicht besser
Deine Verweigerungshaltung ist halt immer
noch scheisse
Und die sprachliche Auslöschung
Nonbinärer Personen
Immer noch Gewalt.
So einfach ist das

Zwischen uns

Zwischen dir und mir
Stehen immer wieder
Unsere Biographien
Manchmal schlagen sie
Brücken
Manchmal schaffen sie
Eine echt krasse
Distanz

Dieser be-
scheuerte
Körper

Nicht schlafen

Wenn meine Gedanken
Nicht mehr abschalten
Mein Geist
Nicht mehr zur Ruhe kommt
Dann kann mein Körper
Noch so müde sein
Und ich
Finde dennoch
Keinen Schlaf
Das ist doof
Weil
Ich dann immer müde bin

Nicht aushalten

Ich kann es nicht mehr hören
Wenn Leute mir sagen
Wie beeindruckend es ist, was ich alles
aushalte
Wie ich es aushalte
Echt?
Was für Alternativen habe ich denn?
Was sind denn meine Optionen,
Wenn ich sage,
Ich halte es nicht mehr aus?
Denn genau so ist es!
Ich ertrage es nicht
Mich nicht
Meinen Bauch nicht
Meinen Körper und
Alles,
Was ich damit machen soll
Ich halte den Druck
Nicht mehr aus
Die Anforderungen und die
Unzähligen Bedürfnisse
Auf die ich reagieren
Oder eingehen soll
Ich halte
Diese Welt nicht aus
Die ganze Gewalt um mich herum
Und überhaupt
Auch das ganze Leben
Ist mir einfach ne Nummer zu groß
Ich halte es nicht aus
Es überfordert mich
Und ich breche sehr regelmäßig
Völlig verzweifelt
Zusammen

Nicht Sterben

Ich sterbe nicht
Auch wenn es sich manchmal so anfühlt
Nicht jetzt und
Auch morgen nicht
Meine Krankheit
Ist nicht barmherzig genug
Die Sache hier
Alsbald zu beenden
Sie kommt in Schüben
Immer wieder
Wie das Murmeltier
Das täglich grüßt
Grüßt mich
Das Pseudoversagen
Meines Darms
Mit Übelkeit
Und Schmerzen
Mit Hoffnungslosigkeit
Und diesem
Bis zur Lächerlichkeit aufgeblähtem Bauch
Ich hasse diesen Zustand meiner Selbst
Hasse alles
Was dazugehört
Hasse Schläuche in und an mir
Meine Vulnerabilität
Meine Ohnmacht
Versuche zu verstehen
Was es heißt
Nicht mehr gesund zu werden
Versuche
Hiermit zu leben
Denn
Ich werde nicht sterben
An dieser Krankheit

Keine Chance für Hoffnungslosigkeit

Wenn ich keine Hoffnung mehr hätte
Wie sollte ich dann
Die Kraft aufbringen
Morgen noch aufzustehen?

Leonie Löwenbändigerin
(für Leonie)

Leonie und ich teilen uns ein Zimmer
Sie liegt an der Fensterseite
Und ich am Schrank
Wir kennen uns nicht
10 Tage gemeinsam
Schlafen
Stöhnen
Schwitzen
Leonies Geräte piepen
Wann immer irgendein Wert unter eine be-
stimmte Höhe fällt
Oder diese übersteigt
Und das geschieht oft.
Ihre Beine zucken, ihre Schultern
Das kommt vom Tourette.
Das Tourette läuft so nebenher,
Es nervt sie manchmal,
Weil dann der
Stift verrutscht
Die Häkelnadel
Oder ihr die Perlen aus der Hand gleiten
Leonie ist super aktiv
Leonie ist super kreativ
Und Leonie ist krank
Überall an Leonie
Hängen Schläuche und Kabel dran
Sie begrüßt mich mit einem breiten Grin-
sen
Überhaupt grinst Leonie oft
Oder lacht
Leonie hat durchgängig Schmerzen
Und ist wahnsinnig
Wahnsinnig witzig und cool
Ich habe selten einen so lebensfrohen
Menschen getroffen wie Leonie

Sie ist jung
18 Jahre
Ein Teenager
Eine junge Frau
Nur wenig älter als
Meine Tochter
Sie ist in dem Alter,
In dem viele anfangen ihr Leben zu planen
Und verplant zu sein vom Leben
Sie gehen tanzen
Und reisen
Es gibt Gekicher und Peers und Abnabelung
von den Eltern
Über die Strenge schlagen
Partner*innenschaft erlernen und
Voll auf die Fresse fliegen
Oder
Mit den Freund*innen in den Urlaub und
Grenzen überschreiten,
Viel zu oft
Leonie fliegt nicht in den Urlaub
Leonie war noch nie in einer Disco
Leonie ist am Tag vor ihrem Abschlussball
krank geworden
Sie hatte keine Zeit
Zum Auf-die-Fresse-fliegen
Und es scheint
Als stünde sie
Weit über all diesen Dingen
Statt Disco
Lernte Leonie all die (Un-)Möglichkeiten
Bemühungen und Verweigerungen
Des deutschen Krankenhaus- und Kranken-
kassenwesens kennen
Ganz ohne Studium der Genderwissenschaf-
ten
Hat Leonie die Tragweite

Geschlechterdiskriminierender Gesund-
heitspflege und die
Notwendigkeit einer Genderbewussten Medi-
zin durchdrungen
Und verstanden, dass auch Alter ein Mach-
tungleichgewicht darstellt,
Dass,
Wenn es missbraucht wird,
Tödlich enden kann
Sie weiß, was es heißt falsche Diagnosen
zu bekommen
Und dafür keine Hilfe
Sie weiß, was es heißt
Von Ärzt*innen weggewiesen zu werden
Weil
Sie überfordert sind
Und weil
Die Behandlung von Schmerzpatient*innen
sich für Kliniken nicht lohnen
Und weil
Wenn die Ursachen von Krankheiten zu kom-
plex sind
Eine Krankheit
Bestimmt eh nur psychisch
Und aus einem zu hohen Geltungsbedürfnis
heraus begründet ist
Besonders dann, wenn die erkrankte Person
Nun mal keinen Penis vorzuweisen hat

Leonie kann das alles benennen
Und dann lacht sie
Sie lacht nicht, um zu verdrängen
Oder um ein Weinen zu überspielen
Sondern tatsächlich
Weil sie so viel Doofheit und Arroganz
Schon wieder lustig findet
Leonie bringt auch etwas in mir zum
Lachen

Trotz der Enge
Und der Belastung die uns
In diesem Krankenhauszimmer,
Station 1b , umnebelt.
Leonies Löwe ist
Ein komplett vertrackter Verdauungstrakt
Ein Dünndarm
Der rückwärts läuft
Und Essen in den Magen zurückpumpt
Ein Magen und ein Dickdarm
Die überhaupt nicht laufen
Und die Blase
Die zwar ständig überläuft
Und trotzdem den Restharn staut
Da stehen die Pfleger*innen
Und Ärzt*innen
Und kein*er von ihnen weiß
Wie Leonie zu helfen ist
Ihr Essen geht über die Venen
Direkt ins Blut
Und Medikamente schlagen nicht mehr an
Schläuche
Kabel
Spitzen
Ich glaube
Leonie allein
Wird diesen Löwen eines Tages bändigen
Leonie wird ALLE Löwen bändigen
Und selbst wenn sie weint vor Schmerzen
Und sich `ne Stunde lang
Im Badezimmer erbricht
Wird sie
Stunden oder Tage später
Irgendein positives Fazit daraus ziehen
Oder zumindest darüber lachen
Und dann wird sie auf ihr Pferd steigen

Dem Ganzen hier
Davon galoppieren
Und
Löwen bändigen

Abspaltung

Trotz Übelkeit
Trotz Schmerz
Versuche ich
Einigermaßen gelassen und
Einigermaßen stabil
Durch den Tag zu gehen
Das blöde ist nur,
Dass mir das nur gelingt
So lange ich nicht
Über
Übelkeit und Schmerzen
Nachdenke
Was wiederum
Mir nur dann möglich ist
Wenn ich mich
Weitestgehend
Frei von meinen Körper denke

Was aber bleibt von mir
Wenn ich
Ohne Körper bin?

Wie weit kann und muss ich mich von meinem Körper distanzieren
Um nicht nur meine Krankheit zu sein?
In wie viele Einzelteile kann ich mich
aufspalten
Ohne zu zerbrechen?
Kann ich Psyche und Körper getrennt wahrnehmen?
Wo bin dann ich?

Die Phase

Es ist nur eine Phase, Hase
Haben sie zu mir gesagt
Und jetzt,
Jetzt dauert die Scheißphase
Schon so lange
Dass ich
Nicht mehr weiß
Wie es vorher war
Das geht vorbei
Haben sie gesagt
Und alles würde gut
Aber es ging nicht vorbei
Und gut
Das ist echt auch was anderes
Seit meiner Phase
Möchte ich am liebsten direkt nach dem
Aufwachen
In mein Bett zurückkriechen
Mich zusammenrollen
Und nicht vorhandenes sein
Jeden verfickten Tag

Ende